クラスが笑いに包まれる！

小学校 教育漫才 テクニック30

［著］田畑栄一

東洋館出版社

はじめに

笑う学校には福来る

　この言葉は、教師になって以来わたしが常に掲げているモットーです。

　子どもたちが学校で求められていること。それは、学習や学校生活に主体的に励み、これからの予測困難な時代を、持続可能な社会の担い手として、様々な変化に積極的に向き合い、他者と協働して創造的に課題を解決していくための資質・能力を育むことです。

　ただ、知識を注入することが中心の教育現場の中では、知らず知らずのうちに閉塞感を抱えている子どもが多くいると思います。それは、いじめの認知件数や不登校の児童・生徒数の増加にもつながっていると考えます。いじめや不登校などの問題につながるだけではありません。場合によっては、その子の一生に関わってしまいます。

　仕事、交友、娯楽。さまざまなシーンで笑いは人間関係を円滑にし、強固なものにしてくれます。でも、肝心の学校では、温かい気持ちになる笑いについて、教わったり実践したりすることはほとんどありません。

　わたしは、子どもたちが笑顔に包まれ、元気いっぱいの学び舎を目指す中で、平成27年に、国語の授業を基本として漫才大会を全校で行うことにしました。コミュニケーションが促進されることに加えて、言葉を扱う能力の向上を意図したのでした。

　手探りで始めてみましたが、子どもたちの反応は想像以上によく、価値のある大会に仕上がりました。NHKなどの各種メディアの方々も取り上げてくださり、全国から先生方が視察に来てくださいました。子どもたちが楽しんで学習に励んでくれたことはなによりですが、期待以上の効果を二つ実感しました。

　一つは、学校全体の雰囲気が明るくなったこと。
「○○くん、そんな一面あったんだね」など、普段の生活では生まれなかった交流から友達の知らなかった魅力的な面を発見し、人間関係がどんどん深まっていくきっかけとなったのです。個性が認め合える風土が生まれていました。いじめの認知件数は減少し、不登校は限りなくゼロになりました。

二つ目は、子どもたちの学力が国語に限らず、総合的に高まったことです。舞台に立つ経験が少なかった子どもたちですが、練習のときから、観客にどう観られたいかを入念に相談し合い、ネタを細部まで作りこんでいました。その様子は真剣そのもので、ときには教師も驚くくらい素敵なネタを作っていました。

　その裏側で子どもたちは、話合いの方法や、人の意見に耳を傾ける力を身に付けていて、国語以外の授業でも発揮されるのを目にしました。学習の取り組み方が変わっていたのです。

　相方や別のペアと話し合う「コミュニケーション能力」、ネタを作るために日常の生活から面白い言葉や現象を見つける「情報収集能力」、ネタをさらに洗練していくための「構成力」「語彙力」、作り上げたネタをしっかりと観客に届ける「プレゼンテーション能力」。

　これら5つの創造力を駆使しなければ、教育漫才で笑いを取ることはできません。

　逆に言えば、教育漫才によって、この5つの創造的な力が育まれるのです。

　"漫才"というと、「人を小ばかにした笑い」や「下品、暴力的な言動による笑い」も想像されて、忌避してしまう先生、保護者の方もいるかもしれません。

　でも、子どもたちを見てください。著名な漫才の大会がテレビなどで放送された後は、学校中で披露されたネタをマネする声が聞こえてきます。漫才が大好きな子が多いのです。

　本書で、私が提案する"教育漫才"は、
①悪口などのマイナス言葉は使わない
②蹴ったり殴ったりする行為はしない
をルールに、そうした漫才の教育上の弊害を取り除いて行います。

　刺激的な表現を使わずに、「言葉の力」と「話し方（間やテンポ感）」だけで温かい笑いを取ることは簡単なことではありませんが、しっかりとこの趣旨を説明することによって、子どもたちは「絶対、温かく笑わせるネタをするぞ」という熱い思いをもち始めます。

教育漫才は人に話す内容を考え、話の流れを整理し、発表の練習をして伝えるという、学習のための格好の手段です。最終的には、ゼロから何かを創造するために必要な能力を身に付けてほしい。また、安心して笑い合える環境のすばらしさを感じてほしいのです。

　本書ではこれまでの研究の成果を踏まえて、「カッコを埋めるだけでネタが完成するワークシート」や「要所での声掛け」、「子どもの実際の姿」など、教育漫才の学びを補助するテクニックを30点紹介します。特別活動の１時間や、ちょっとした休み時間だけでもさくっと使える仕様にこだわりました。

　子どもたちに主体的な創造力を身に付けてほしいと思う先生だけでなく、特別活動のお楽しみ会で披露したいと子どもが燃えているので手伝ってあげたいなど、いろいろな場面で効果的に使えるものに仕上がったと思います。普段と違う子どもの一面や表情を見たいという先生のお力になれれば、こんなにうれしいことはございません。

令和３年３月吉日　田畑栄一

ネタ合わせ・改善

発表当日

第一章

育才
教育漫才
!!

① 教育漫才のルール

　「笑う学校には福来る」をモットーに平成27年度に教育漫才を始めました。解決したい問題として、「いじめ」「不登校」問題がありました。わたしは国語科が専門で、「学び合い」授業を推進したことによって子どもたちが学力をつけるだけでなく、互いに認め合ったり、異なる意見をまとめたりする力が付いていくことを感じていました。

　そこで、さらに一歩踏み込んで、子どもたちがおおらかなグローバル人材となる姿をイメージした結果、コミュニケーション文化としての教育漫才が適切なのではないか、と発想し、提案しました。

　漫才には「いじる」など、教育現場にはマイナスな面ももちろんあります。そこで、絶対に守るルールを設定します。

---

1 悪口などのマイナス言葉は使わない
2 蹴ったり殴ったりする行為はしない

　この2点は教育漫才を行う上での哲学になります。なんでもありの「漫才」を許してしまい、子どもたちは笑わせたい一心で作ったネタが誰かを傷つけてしまうことがあっては本末転倒です。

　このルールを守ることで、子どもたちは、言葉の力を使って、笑いを取るという目標に向かって進み始めます。

　子どもたちが、この2点の縛りがあるからこそ、意欲を燃やせるような雰囲気になるように、導入でしっかりと時間を取って伝えてほしいと思います。

　また、「小学校で漫才をやっている、いじめにつながるのではないか、けしからん」と風評が起きることがありますが、この2点をしっかり発信すれば、こうした批判は起きません。

　笑いには2種類あります。「人を温かくする笑い」と「人を不愉快にさせる笑い」です。

　教育漫才で目指す笑いは、温かい笑いです。人の気持ちをホッとさせ、その場にいる全ての人が笑顔になる笑いです。

　また、この条件を設定することで、笑いにつながる要素が以下の2点にしぼられ、

子どもたちも取り組みやすくなるのです。

１、言葉の面白さ

２、間の面白さ

　教育漫才に限らず、日常や常識とのズレがお笑いの基本。そのズレを子どもたちが、"言葉"と"間"から生みだすことが、教育漫才の基本となります。

② 育成できる5つの創造力

　では、教育漫才で育成できる子どもたちの力について詳述します。

１、コミュニケーション能力

　これは、俗にいう人と話すのが上手いだけではなく、授業の中で、手を挙げたり意見を聞いたりすることができるようになる意味を含んでいます。

　学校では、「この仲間だったら大丈夫だな」と思うと、発言する子どもが増えたり、発声が大きく柔らかくなったり、頭ごなしに否定しなかったりするなど、学級経営の視点からも効果的な姿が見られるようになりました。個人的にはこの「発言力」こそ、今後の授業にも生きるコミュニケーション能力だと思っています。

　教育漫才の実施後に「○○さんその話さー…あ、でもそういう考え方もあるね」というような声が聞こえてくると、温かい笑いを取ること以上に、人に共感できる能力が育ったのだな、とうれしくなります。

　2019年のM-1グランプリでファイナリストになった「ぺこぱ」（サンミュージックプロダクション）の芸風に、大変共感しました。否定しないで安心して観ていられるのに、その「否定しない」ということが面白さにつながるというのは、教育漫才で子どもたちが目指す理想の姿に近いかもしれません。

２、情報収集能力

　教育漫才を作ると決めると子どもたちは、温かい笑いを取るためにネタにする素材を集めなければなりません。そうすると、ニュースや家庭での親の言動、クラスの様子など、いろんなものを観察して分析する動きが見えました。

　「他教科でも面白いと思ったことをメモしておくといいですね」と声をかけてあげると、例えば理科などでは、何か教育漫才のネタにならないかと、生き物の足の数や

特徴などを熱心に学ぼうとする子が出てきます。

　また、過去には「聞こえてくるものを想像するネタ」として、「豆腐屋のチャルメラ」「地震速報」「防災無線」を組み合わせたネタもありました。

　生活の違う場面を組み合わせる力は柔軟な発想につながります。

3、構成力

　そして集めた素材を今度はオチにもっていくために文章を構成しなければなりません。発想だけで温かい笑いを取ることはできません。

　笑わせるという目的に向かって、三段落ちをもっと面白く、具体的にするためには１つめ２つめの例をどういう風に工夫したらよいだろうか、などです。

　これは教育漫才の核となる力といってもよいでしょう。

　また、この情報を整理して構成する力は、子どもたちが自分の気持ちや思考の整理をするときにも発揮されます。

　いま自分はこういう状況にいるから、このように笑っている／怒っていると自己分析できるようになるので、自律という視点からも非常に重要なスキルだと感じています。

　また、テクニック編でも詳述しますが、発表の前にきょうだいペアを設定しておくと、子どもたち同士がお互いを演出するシーンが見られます。

　「ここ間をおいたほうがいい。ここはあえて早口の方がいい」などの指摘は、クラスメートとはいえ、勇気のいることです。自分だけでなく、他の人の発表についての情報を整理し、アドバイスする能力は、学級会などでも役に立っていきます。

4、プレゼンテーション能力

　さて、本番です。ここまで、練り上げてきたものを自信をもって発表してもらいたいです。演技力ともとれますが、あえてプレゼンテーションとしました。

　集めた情報を、どうしたら笑いが取れるか整理した台本は、プレゼンそのものです。温かい笑いにもっていくために観客を意識して表現する。それを日常にはないマイクを使ってやる。この積み重ねで、観ている人を意識しながら自分の話をできるようになっていきます。

　何かを作って発表するところまでの活動は、意外に、学校教育で省略されたり、簡

略化されたりしていると感じています。世の中で一般的にイメージされる「教育」は、「硬派な教育」じゃないでしょうか。知識の習得の部分は丁寧に指導する体制によって、子どもたちの学力も諸外国に引けを取りませんが、表現する部分が弱いと思います。

　例えば総合的な学習の時間では、「探究」や「協働」に多くの時間をかけてしまいますが、個人的には取り組んだ過程を「まとめ・表現」することが一番大事だと思っています。まとめたものをただ変わり番子に読んで、みんなでそれに拍手して「表現」としてしまうのでは表現力は育ちません。

　壁新聞での発表も大事ですが、学習したこと、作ったことを大勢の人の前でプレゼンする授業はあまり見かけません。

　それでも、社会に出るとその資質・能力が有効です。このプレゼンの授業を、子どもたちの自己肯定感が高まるような、充実したものにしてあげたいです。そのために、暗い話でも明るく、未来志向で話せるような教育漫才の実践が役に立ちます。子どもが楽しそうにいろんな場面で発表できるようになるような表現の経験となるからです。

　国語科だけでなく、社会科の校外学習や、外国語科で習った文法のおさらいなど、どのような発表にも、「教育漫才」の形式は使えます。「じゃあ今回の調べ学習は、教育漫才で発表して下さいね！」など、選択肢の一つとしてあれば、表現が苦手な子どもにとってのセーフティネットとなるかもしれません。

　観客をどうやって惹きつけるか。「やりきった」という子どもの実感が、「主体的な学習への態度」の育成につながり、定着していくのです。

5、語彙力

　教育漫才大会を終えた後の振り返りで、「言葉に気をつけながらやると勉強になった」（４年生）と書いた子がいました。教育漫才をする際には、子どもたちの中で自分のもつ言葉をリストアップし、セレクトしていく過程があります。同じ読みでも「紙」と「髪」と「神」と「上」がありますね。普通に使うカミではないものをボケとして提示したら、それだけでダジャレの笑いになります。

　基本的に漫才は、現実との「ズレ」が面白いエンターテイメントです。イメージしたものとちょっと違う。それが、うまければうまいほど笑いが取れるのです。
子どもたちにとってシチュエーションコントを作るのは難しいですが、言葉のズレを

作ってみようと言うと、子どもたちは比較的簡単に取り組み始めます。

　日本語／外国語の面白さ。そして、話すときの間の面白さが教育漫才における笑いの鉄則になります。

③ 教育漫才の指導案の書き方

　教育漫才は国語科だけでなくいろいろな教科で利用できるツールです。

　例えば、特別活動では以下のような指導案が考えられます。

例　特別活動　中学年 学級活動の教師の指導計画（案）

◎友達のよさを発見して、相互の個性を理解すると同時に、その個性を寛容に尊重し合う態度を育成する。

	教師の計画	指導上の留意点	◎目指す児童像（評価）
4月の学級会	①議題の確認 ②提案理由の確認 ③話合いのめあての確認 ④話合い ⑤クラスが仲良くなるのは、「漫才」が有力。 ⑥振り返り	○「楽しいことをして仲良くなろう」 理由：みんなが一緒に笑えるようなことをやろうと考えて提案。 　ア．スポーツ大会 　イ．レクレーション大会 　ウ．教育漫才大会 　エ．特技発表大会　　　　等 ○ウ⇒イ⇒ア⇒エの順番で大会を開く。	◎理由を明確にして考えを伝えたり、自分と異なる意見も受け入れたりしながら、集団としての目標や活動内容に合意形成を図っている。 【思考・判断・表現】 （観察・学級会ノート）
1	①教育漫才スタート ・ねらいの明確化 ・コンビ決め ・コンビ名 ・コンビ同士の自己紹介 ・ボケとツッコミ決め	○教育漫才のねらいを定着させる。「誰とでも仲良くなる」のねらいでくじで決める。 ・不愉快にする言葉は使用しない。どつく、叩くなど身体接触はしない等 ・ネタ作りは家庭学習で、保護者と相談してもよい。次の学活は一週間後なので、休み時間や隙間の時間等の活用も認める。	◎コンビ同士（役割）で、めあてを押さえて、活動内容を順に進め、合意形成を図っている。 【主体的に学習に取り組む態度】（観察）
2	①教育漫才ネタ作り ・コンビ：ネタ相談 ・コンビ練習 ・きょうだいコンビ	○ネタの最終打ち合わせ ・さまざまに意見のかみ合わないこともあるので、折り合いをつけることの価値も教えたい。	◎コンビ同士で、ネタを伝えたり、異なるアイデアも受け入れたりしながら、コン

2	での発表 ・ネタ修正等	・ネタ練習、きょうだいコンビでの練習を見守る。必要に応じて助言する。 ＊教科等横断的視点（国語・社会・道徳等）も含めて声掛け。資料（新聞記事等）準備。 次の学活は一週間後なので、家庭学習、休み時間・隙間の時間等の活用を進める。	ビとしての活動内容に合意形成を図っている。 【思考・判断・表現】 （観察・ネタメモ）
3	①学級教育漫才大会 ・発表順に披露 ・ハマった教育漫才を投票し、評価し合う ・ベストネタの再演 ・めあての評価をする	・司会は、計画委員に委ねる。 ・演者：態度・声量・間・動作・観客へのアピール等。個性を表現させたい。 ・観客：温かい拍手と大笑い等 ・友達の意外な発見・よさ（表現方法）を評価し合い、承認し合う関係を構築する。	◎演者：観客を意識して表現活動をしている。 ◎観客：温かい眼差しと演者の気持ちになって楽しんでいる。 【思考・判断・表現】 （観察・評価メモ・ネタ）

　４月当初に、よりよい学級づくりのための「学級会」を開くときに、さまざまなアイデアが子どもたちから提案されると思います。その中に「笑いの文化としての教育漫才」を提案できたらいいのですが、子どもたちから提案がなければ、先生から提案して下さい。学校で（漫才はできない……）と考えている子どもたちの既成概念を打ち破るとしたらこのタイミングです。笑いがもつ価値を子どもたち自身が、実感できたら温かい笑いの絶えない素敵なクラスができると思います。３時間はあくまでも目安。学年・学級の実態や、めあてによって、プログラム変更は先生次第です。

　また、次頁に言語活動を通して表現する資質・能力の育成をねらった国語科を基本とした教科等横断的な指導案を掲載いたします。ご参考いただければ幸いです。

例　国語科と総合的な学習の時間の教育漫才指導計画案（計５時間）

	○主な学習活動	・指導上の留意点
1	○教育漫才大会のめあての確認 ○チーム決め ○台本作り　【学び合い】 ・役割決め　・テーマ決め ・ネタ合わせ **国語「話す・聞く」**	・コミュニケーションをとり、温かい学級・学校づくりをめざすことをおさえる。 ・チームは原則くじで決める。 ・三段落ちを基本に台本を作っていく。進まないグループには、台本例を参考に、「お互いの好きなもの」や「これからの行事」など分かりやすいものを題材にしていけるように助言する。 国語　思考力、判断力、表現力等Ａア
2	○発表練習１　【学び合い２】 ・台本の読み合わせをし、チームでネタを完成させる **国語「話す・聞く」**	・話の流れやボケのおもしろさを強調するために、あいづちや動きを上手に織り込むように助言する。 国語　思考力、判断力、表現力等Ａイ・オ
3	○発表練習２　【学び合い３】 ・きょうだいチームで発表を見せ合い、助言をする **国語「話す・聞く」**	・声の大きさ、速さ、間のとり方、動きなど、相手の漫才を見る視点を提示し、互いの発表がよりよいものになるように助言し合えるようにする。 国語　思考力、判断力、表現力等Ａウ・エ・オ
4	○学級教育漫才大会【学び合い４】 ・各チームの良いところ（内容・発表）を共有する ・代表チームの発表を練り上げる **総合的な学習の時間「地域連携」**	発表者 ・聞き手を意識 聞き手 ・あたたかい笑い。 ・友達のよさを見付ける。
5	○全校教育漫才大会 ○振り返り **総合的な学習の時間「地域連携」**	・大会後は振り返りをし、今後の学習や学校生活に生かせるようにする。 国語　思考力、判断力、表現力等Ａウ・オ

※評価基準については国語Ａ（1）に限らず様々に設定できます。学級の実態に合わせて精選するとよいでしょう。

④ 教育漫才の効果

１、子どもたちが自分の意見を言えるようになる

　平成26年11月20日の中教審答申で言及された「他者と協働しながら創造的に生きていくために必要な資質・能力をどのように捉えるか」についての、一つの回答だと感じます。

　リーダーシップやメンバーシップを培い、言語活動を追究するコミュニケーションによってチームワークを発揮しながら、作品作りに挑むのが教育漫才です。

　平成25年度に校長をしていた学校での子どもたちへのアンケートで、「自分の考えを言えましたか」に対する「はい」の回答は69パーセントでした。3人に1人は自分の考えを言えないことが多いと感じていました。教育漫才を取り入れた影響だけではないと思いますが、平成29年度の回答は85パーセントに上昇しました。

　実践した先生方からは「聞く大切さに気付いた子が多くなって、話合いが活発になり、授業が活性化した。議論が広がるようになった」とよく聞きました。

２、学校（学級）全体が明るく　いじめの認知件数・不登校児童数が減る

　学校全体で取り入れた場合にはなりますが、子どもたちの全員がネタを作って発表して、それに賞賛を贈る活動を行うと、一人一人の自己肯定感が増したと感じます。

　ある子の振り返りです。

　「私は、教育漫才をやるまでは、あまり自分を出すことはなかったのですが、教育漫才をやってからは、自分の気持ちを出せるようになり、友達とも仲よくなることができました。自信がつきました。」

　学級活動になかなか参加できなかった子どもの学級参加のきっかけにもできるかもしれません。子どもたちの能力を伸ばしながら、子どもの内面に近づく取組となりました。

　このように温かく笑い合える人間関係が広がることで、校内のトラブルが減りました。いじめの認知件数・不登校児童数の減少につながったと考えています。

３、保護者／地域とのつながりができる

　この取組は地域を巻き込む場として効果的です。子どもたちの発表の質も高まりま

す。門扉を開けていくのはセキュリティー上難儀を示す方もいるかもしれませんが、大勢の大人がいる場所に悪いことを企む人間は入って来にくいものです。

　学校とは、いろんな人の交流があることで、さまざまな価値観があることを知る場であると思います。地域の人が入ることで、学校現場と子どもには新しい刺激を受けますし、地域の人々も「あの子知ってるぞ」「面白い」と距離が近くなると登下校など子どもたちの地域生活が安定していくものです。さらにもし地方紙／テレビ局の記者などマスコミにも宣伝出来たら、それだけで警備になります。カメラが回っている場所で悪いことをしないですよね。

4、学級開きのアイスブレイクに！
　最後に、ここまで、いろいろと言及してきましたが、1時間で完結する学級開きなどのアイスブレイクにももちろん有効です。
　学級が少し荒れてきたな、最近子どもたちの雰囲気が悪いな、というときに、思い切って実践してみて下さい。教室の子どもたちが、閉塞感や人間関係に飽きたことに悩んでいれば、教育漫才はよい刺激になるでしょう。

＊
　第2章では具体的にクラスの活動に取り入れるためのテクニックについて紹介いたします。

第二章

テクニック30!!

教育漫才を紹介しよう

教育漫才とは？
① 過度な接触はしない
② マイナス言葉を使用しない

特徴

・子どもたちに教育漫才を提案します。
・「伝え合う力」が育ち、「温かい学校づくり」につながることを紹介します。

育まれる子どもの力

・授業／取組の見通しをもつ力

使うタイミング・こだわること

・まずは、教育漫才が何であるかを子どもたちに伝えましょう。先生が導入するねらいはさまざまだと思います。わたしは「コミュニケーションの力を育て、人を傷つけない温かい言葉を使ってお互いを理解しあえる学校にしたい。人々を温かく笑わせる教育漫才がその一つの手段だと思うので取り組みたい。それはいじめや不登校がなくなることにもつながるから」ということを伝えています。

・教育漫才の教育的な特徴は、「コミュニケーション力向上の学習」「2、3人で簡単にできる言葉の学習」「論理的思考力が鍛えられ学力向上につながる学習」「学校やクラスの空気が温かく変化する学習」「すべての授業につながる発表の練習になる学習」などです。「大爆笑を取ったら勝ち」という競技ではなく、あくまで「言葉の面白さをどれくらい使えているか」などの言語能力の視点から活動を進めていくことを伝える必要があります。

気をつけたいこと

・授業時間に組み込む予定ですと、評価の対象となる学習活動になりますので、育みたい能力などをしっかりと周知することが大事です。
・「誰かの容姿などをからかう」ことなど、いじめに関わることはNGです。

子どもとのやり取りの具体例

T：漫才を観たことある人！　C：はい！

T：漫才が面白い理由はわかりますか？

C：思ってたのと違うことを言うから面白いです。

C：変なリズムのネタが楽しいです。

T：今日から○時間、皆さんに言葉の学習として「教育漫才」に挑戦してもらいます。

C：どうやってやるのですか？

T：ボケとツッコミのやり取りの中には言葉の魔法が隠れています。ほかにもモノマ
　　ネのネタはしっかり観察しているからできることですね。言葉や物語の構成を考
　　えたり、観察したものを表現したりするのは、これからの時代に求められる大事
　　な力です。いつもの学習を支える話合い活動の活性化にもつなげていきたいです。
　　もちろん、テーマは温かい笑いを生み出すことなので、楽しんで取り組んでもら
　　えるとうれしいです。また、いろんなクラスメートの新しい一面を知ってほしい
　　と思います。

T：まず、この二点を守ってください。

① 　マイナス言葉は使わない（死ね・うざい・むかつく・消えろ等）

② 　どつきや激しいツッコミはしない（ツッコミのふり、自分の手をたたくはOK）

　これが教育漫才のポイントです。もう一点、ピン芸人ではなく、コンビを組んでも
らいます。コンビ結成は、くじ引きで行います。

※視覚的にもぱっと分かるように配付物があってもよいでしょう。

　一例を次のページに作成しましたので、よかったらコピーしてお使いください。

深い学び／楽しみの実現に向けて

　基本的に子どもたちは、「教育漫才をしよう」というと喜びの声が上がります。
ここでクラスの雰囲気が荒くならないように、「なんで導入するのか」という先
生の「哲学」を伝えることが重要です。面白い教育漫才は、誰でもできることで
はなく、披露するとどうなるか、たくさん考えて、しかも絶妙な「間」や感情移
入させる「演技力」を伴って初めて面白い教育漫才が成立しているのです。

　また、身近な同級生という観客に合わせたネタ作りが求められます。「積極的
に授業で学んだ知識・技能を教育漫才に盛り込むのもあり」とアナウンスすると、
他の授業もいつも以上に熱心に聞き始める子どももいるので、教科等横断的な視点
で取り組んでいくと思います。視野が広がり、日々の学習への意欲が上がるでしょう。

教育漫才とは？

「笑い」がテーマのコミュニケーションの学習です。

ルール

① マイナス言葉（死ね、ウザい）は使わない

② なぐったりけったりして表現することはNG

「笑い」を生み出すことを目指しながら、クラスメートの新しいい一面を知ろう！

教育漫才の流れ

ペア決め

〈じ引き！〉
クラスメートの新しい一面を知ろう

・自己紹介
・ネタ作り

コンビで意見を言い合ってネタを作ろう

きょうだいペアで
ネタを見直し

ほかのひとの意見を聞いて、ネタを見直そう

発表

ネタを発表。
他の人のネタもみて、
たくさん笑おう！

コンビ結成
基本はくじ引きで！

特徴

・コミュニケーション能力を培うために、コンビ／トリオを偶発的に決めましょう。

育まれる子どもの力

・相手の立場などを考えるコミュニケーション能力
・クラス全体のよりよい人間関係の構築

♥ 使うタイミング・こだわること

・教育漫才では、基本的にくじでコンビを結成することとしています。あくまでも資質・能力を育むために授業で取り入れることと、よりよい人間関係をクラス／学校全体で構築するという考えを基にしているからです。「いつも、学校で何人と会話する？」と聞くと、意外に子どもたちの交友関係は狭いことが分かります。
・気を許す関係にない子どもたちでも、時間をかければ次第に「笑いを生み出す」という共通の目標に向かうための主体性をもち始めます。焦らずにサポートしてあげましょう。ただし、あくまでレクリエーションとして行うときには、任意の結成でも大丈夫です。

! 気をつけたいこと

・「くじ引きは嫌です。好きな子同士で組みたいです」という子がいますが、「先生が決めたことだから」とはせずに、「みんなで温かい空気を作る学習をすること」と「むしろあまり知らない子同士の方が、知らない面を掛け合わせて面白いネタがつくれる」というねらいをもって助言してあげるとよいでしょう。

子どもとのやり取りの具体例

・普段はあまり喋らない子どもと行う方が楽しい活動であることを周知する。

Ｔ：では、いま説明した教育漫才を始めましょう。まずは、コンビ／トリオを決めたいと思いますが、くじ引きで行いたいと思います。それは、みなさんの違った一面を見たいからです。

　　よく知っている子と組みたい気持ちも分かります。でも、漫才は、あまり知らなかったけど、意外な共通点などからネタ作りが広がっていくことがあるからです。教育漫才の発表の後、みんなのいろんな面をよく知ってもらえたらいいな、と思います。私も教育漫才の作り方についていろいろと考えてきたので、お手伝いさせていたきます。やってみましょう。

（くじ引き）

Ｔ：それでは、同じ番号の人を見付けてみましょう。席替えをして、自己紹介をしましょう。よく遊ぶ仲の子だったときでも、実は……というようなことを話したり聞いたりして、改めて自己紹介しましょう。

　学級によっては、子どもの数が奇数の場合があります。そのときは、トリオが発生します。くじでの配慮やトリオ用の資料も忘れないで準備しておきましょう。

深い学び／楽しみの実現に向けて

　ここでは、学級経営の根幹が問われます。担任として、どんな学級、どんな人間関係でいてほしいのか、理念や哲学が現れる場面です。子どもたちに、願いや思いをしっかりと伝えることが必要です。

　どれだけ学級の雰囲気がよくても、決まったメンバーの交流が多いと、実は言いだせない不満を抱えていたり、俗にいう集団ごとの階層関係があったうえで雰囲気が落ち着いていることがあったりします。きれいなクモの巣のようになるべく多くの関係の結節点をもっているネットワークの方が、自己肯定感などが高いという研究もあります（『スクエア・アンド・タワー』ニーアル・ファーガソン、東洋経済新報社）。偶発的な関係の創造は子どもたちの創造力を高めていくうえで重要な視点の一つだと思います。

互いに自己紹介をしよう

特徴

・改めての自己紹介はネタ作りの第一歩です。

育まれる子どもの力

・コミュニケーション能力（取材力）

・友達のよさを認める能力

♥ 使うタイミング・こだわること

・交友の深度に関わらず、普段同じ教室で過ごす人と改めて自己紹介をし合うというのは意外に難しいものです。でも、新たな一面を知る面白さにもすぐに気付くので、紋切り型の応答にならないように促しましょう。ここは、ネタ作りと地続きです。

・自己紹介するときには「話したことがなかった人の方が、たくさんネタを見つけられてよいこと」などを盛り込むとよいでしょう。例えば、付箋紙を渡して新しく知ったことをメモしておくことや、難しければ穴埋め式のものを用意してもよいでしょう。以下は質問例です。

○自分のニックネーム　○よく見るテレビ番組や動画　○何月生まれ
○得意／苦手科目　○家族構成　○好きなスポーツや本・漫画・食べ物

💥 気をつけたいこと

・一度も話したことのない子同士で、一言も話せない場合は教師が間に入りましょう。逆に仲がよいと関係ない雑談をし始める可能性がありますが「それもネタの材料になりそう？」など、声を掛けるとよいでしょう。

子どもとのやり取りの具体例

T：では、分かれましたね。コンビの子が何度も喋ったことがある人だったり、あんまり喋ったことがなかったりすると思います。あんまり喋ったことない人の場合はラッキーです。今まで知らなかったクラスメートの一面を知れるので、新しい発見があるでしょう。

　よく遊ぶ子同士のコンビも、負けずに知らなかった一面を知るように'取材'しあってみましょう。

（あまり会話が弾んでいないコンビ）

T：二人は何月生まれ？

Ｃ１：８月です。　Ｃ２：７月。

T：じゃあ同じ夏生まれなんだね。二人は相手がどんな人だと思う？

Ｃ１：いつも笑顔で算数は苦手。

Ｃ２：えー、苦手じゃないよ！

Ｃ１：そうなの。

T：算数が得意ということが教育漫才に入れられるかもね。せっかくの機会なので他にも気になることを聴き合いましょう。

（雑談しているコンビ）

T：君たちは仲良しだね。なにか新しいことは分かった？

Ｃ：そんなことしなくても、面白いネタがつくれます！

T：あそこのA君はB君が実は空手を習ってるってことで、その型を入れようとしてるみたい。意外な面を入れた方が面白くなるから、そういう新発見はないかな？

深い学び／楽しみの実現に向けて

　お互いの特徴で似てるところ／違うところなどをメモして分析しながら自己紹介し合う子どももいるでしょう。普段の授業で、ベン図などの思考ツールを使っているなら、ここでも使ってもよいです。

　「最近の国語の教科書で面白かった話」や「理科の実験で驚いたこと」など、これまで学習したことまで話が及んでいるコンビがいたら、他のコンビにもそうした話題に水が向くように一度取り上げてもよいでしょう。

コンビ名を決めよう

特徴

・自己紹介で空気が温まったら、まずはコンビ名を決めましょう。ここで子どもたちの「芸人」状態のスイッチが入ります。

育まれる子どもの力

・発想力
・意見の折衝能力
・合意形成能力

♥ 使うタイミング・こだわること

・自己紹介が終わったらコンビ名の決定するように促しましょう。ただ、コンビ名は自分たちが登場する前に紹介されるので、「どんな二人だろう？」「なんでそのコンビ名なのだろう？」と楽しみの種をまくチャンスです。以下に例を挙げていますので、参考にしてください。

○お互いの頭文字をとって組み合わせる
○お互いの共通点から名づける
─食べ物、キャラクター、住んでいる地域

・既存の言葉ではない不思議な名前を付けるコンビも少し出てきますが、メンバーが納得していればその名前で進めましょう。また、変更もよいとしましょう。

⚠ 気をつけたいこと

・コンビの中でお互いに譲らない状態になってしまった場合は、二人の提案した名前を組み合わせるなどフォローしましょう。「相手の意見を聞いて組み合わせる、もっと工夫して面白いものができる」意識がもてるとよいですね。

子どもとのやり取りの具体例

Ｔ：それでは、落ち着いたところからコンビ名を決めていってください。決まったチ
　　ームは言いに来てください。先生が黒板に書いていきますね。また、みんなのチ
　　ーム名が一覧で見られるようにするので、楽しみにしておいてください。

（チーム名を書いた名札などを子どもたちで作ってもらって、一覧できる状態にする
のも、子どもたちが自分たちで教室の空気を作っている実感がもててよいでしょう）

○実際のコンビ名の例
・名前の頭文字＋名前の頭文字
『ちーむＴＳ』─お互いのイニシャルを組み合わせた。
・共通点から決める。
『チーム骨折』─互いに骨折経験があり、漫才のつかみでもそれを使用していた。
『五丁目キッズ』─自分達の住所が五丁目だった。
『カンジーズ』─漢字を覚えることが得意な３人が集まったことから。
・ネタの大枠が決まってから決める。
『もじゃもじゃブロッコリー』─ネタを「もじゃもじゃした野菜」の話にして、最初に
ブロッコリーが登場した。
『仕事探し』─仕事を探し中の人がツッコミ役のネタだった。

深い学び／楽しみの実現に向けて

　一般的に名前とは、物や出来事を別の物や出来事と区別するために使用するも
のです。呼びやすくて覚えやすい名前は、子どもたちが親近感を抱きやすいです
し、何か特定の具体物を指す名前だったら、「それがネタに登場するのかな？」
「二人の共通点はそれなのかな？」と子どもたちが関心をもちやすくなります。
子どもたちはコンビ名にも笑いの種を散りばめてくることでしょう。
　共通点などからつける何のひねりもない名前でも、いざ一覧表を目にすると子
どもたちは勝手に類推を始めるなど盛り上がります。「どうしてその名前なのだ
ろうね」などと、別のコンビの子どもたちに聞くと、意外な答えが返ってくるか
もしれません。

ボケとツッコミを決めよう

特徴

・役割を分担すると、視点を分けてアイデア
を出し合う流れにつながります。

育まれる子どもの力

・コミュニケーション能力
・折衝能力

💬 使うタイミング・こだわること

・教育漫才で重要な役割分担です。ネタ作りの際には「ボケとして」「ツッコミとし
て」アイデアが出てきやすくなります。特に向きや不向きはなく、先に「三段落ち」
のテンプレートを使っていれば「どっちしたい?」という流れで子どもたちがすん
なり決めることも多いです。

　定番の組み合わせとしては、

○ボケ―マイペースな子やワンテンポ遅れている子が間を作るのが上手。

○ツッコミ―日頃からキビキビしていたりリーダーシップをとったりしている間を読
　　　　　　む力が大事。

　ただ、「あえて」逆転して披露し、日常との「ズレ」を役割で作ってくるコンビも
あります。世の中には「笑い飯」(吉本興業)を代表するダブルボケなどがあるので、
特に絶対条件ではないことを、場合によっては教えてあげるとよいでしょう。

子どもとのやり取りの具体例

T：コンビ名が決まったチームから、役割を決めましょう。もちろん、ネタ作りの途中で入れ替えてもよいです。

T：簡単に特徴を説明します。ボケは「自分から話題を切り出すなど、流れを作れるので、細かいことは気にしなくてもよいでしょう。ただ、ボケが台本を忘れるとそこで止まってしまうので、記憶力が付くと思います。」ツッコミは「ボケに比べると覚える量は少ないですが、笑いを取るために『間』を作ったり、テンポよく話したりする力」が求められます。

T：先にネタを作って、「どっちがやりたい？」と聞きあう形でも、決めやすいかもしれません。

気をつけたいこと

・合意しないまま進めてしまうコンビが現れたら仲たがいの元になってしまいます。「ボケとツッコミのどちらかが優れているわけではない」ということをしっかり伝えて、全員が納得して進められるように配慮しましょう。またネタ作りの途中で思い立ったら交代してもよい、と伝えましょう。

深い学び／楽しみの実現に向けて

　たくさんの役割を体験してみて、議論や学びを深めていくのは、平成29年度告示の学習指導要領でも、国語科や特別活動の学級会活動を始めとする全ての教科等で重要視されています。子どもたちがリーダーシップとメンバーシップの両方を日頃から鍛え、クラスメートの考えをうまく引き出したり、しっかりと意見を言えたりする力は、自己肯定感の高まりにもつながっていきます。教育漫才ではできるだけみんなで参加し、温かい空気の中で実践できるので、柔らかいつながりや、発言しやすさが学級内に醸成されて授業の活性化につながります。

基本的なボケのやり方
―ズレの創造者―

特徴

・子どもたちがネタ作りをするきっかけになるボケの方法を教えます。

育まれる子どもの力

・常識を分析する力　・常識を疑う力
・〝間〟を取る力

♥ 使うタイミング・こだわること

・ボケとは「ズレ」を生み出す技術です。例えば、
「算数が好き。だってたくさん歌が歌えるから」
というと、「原因と結果」のズレがあります。
「算数が好き。だってお金持ちになれそうだから」
というと、「勉強する意味」のズレが生まれるからです。このズレのレベルによって面白さも変わりますし、クラスの雰囲気によって、ウケるポイントは変わってくるでしょう。

・つまるところ、ツッコミがうまければどんなボケも成立するのですが、基本的にはこの「ズレ」をうまく作っていくことについて教えてあげましょう。テーマから連想される「季節」「ジャンル」「印象」などが違うことで作っていくことができます。

⚡ 気をつけたいこと

・ある分野にとても興味がある子どもの場合だと、マニアックすぎるボケを思いつくときがあります。その子にとっての笑いではなく、みんなが笑えることを目指すことを意識させてあげるとよいでしょう。

子どもとのやり取りの具体例

T：漫才はボケとツッコミが基本ですね。ボケというのは、なんだかズレていること
　　をいうことです。それをツッコミが、「そうじゃないだろ！」と、観客の人の代
　　わりに言うことで、観客の人は「そう、そう、そうじゃないよ」という安心から
　　笑いにつながる仕組みです。

　　　ボケるというのは、何でもかんでも変なことを言えばいいわけではないのが難
　　しいですね。

　　　例えば、英語の先生なのに、英語を喋らない、とか何か設定を作ってあげても
　　いいかもしれません。虫が好きすぎて、なんでも虫で例えてしまうとかでも、面
　　白いでしょう。

　　　何かコンビで共通する好きなことなどから、広げてみるといいかもしれません。

　　　ほかにも、今日理科や社会で習ったことをいれてみてもいいかもしれません。
　　みんな習っているので、クイズみたいな盛り上がりができそうですね。ただ、ク
　　イズそのものになってしまうと教育漫才ではないので注意が必要です。

深い学び／楽しみの実現に向けて

　　さらに、このズレを既習の知識に応用できると、子どもたちに既習の知識・技
能が定着しているかの確認にもつながります。「タコは足が8本だから昆虫だね」
というボケを成立させるためには、昆虫は足が6本であるという知識が必要にな
ります。

　　こうした習ったことを披露する子に対しては、笑いに加えて「よく勉強してい
てすごいな」という感想が出てきますし、子ども自身も他教科で学習中に「これ
は教育漫才に使えそうだからしっかり学んでおこう」という態度の醸成にも役に
立ちます。

基本的なツッコミ
―観客の代弁者―

特徴

・「あれ、おかしいな」と思うことに対して
指摘し、話を進めることで、日常生活との
ズレを顕在化させて笑いを取るツッコミの
役割を教えます。

育まれる子どもの力

・物事を批判的にみる力

使うタイミング・こだわること

・ツッコミは前述のボケの「ズレ」を指摘する役割です。大事なのはツッコミをする
間です。タイミングが遅すぎると間延びしてしまい、早すぎると観客がついていけ
なくなります。タイミングを図ることを、コンビ／トリオでの見せ合いなどで確認
することが望ましいでしょう。

・動作があると色んな人に分かりやすくてよいし、何度も同じ動作をすることで、観
客が安心して観ていられるようになります。

・教育漫才の基本となることなので、授業での導入時にしっかりと教えたいポイント
の一つです。

気をつけたいこと

・容姿や趣味についての悪口を言い合うことは避けることが大切ですし、動作
をつける場合は力が強くなりすぎることがあるので、一度自分も受けてみて、
ちょうどよい加減を知ることも大切です。

以下本書では、ツッコミ役の子どもを「A」、ボケ役の子どもを「B」とします。

子どものやり取りの具体例①

A：好きなドラえもんの秘密道具はなに？

B：やきいも

A：それは秘密道具じゃないでしょ！

→聞いているジャンルに対して、明らかに違うことを言われる場面を作り、そこで
　「それは○○じゃないでしょ！」とするとシンプルで取り組みやすい。

子どものやり取りの具体例②

　ポジティブなツッコミで終わる例です。

A：好きなドラえもんの秘密道具ってなに？

B：やきいも。

A：それは秘密道具じゃないでしょ……とは言い切れないかも。詳しく教えてよ。

B：やきいもは甘くてほくほくして、お口も心も温かくなる秘密の力がある。

A：秘密道具じゃないけど、温かい気持ちになるなぁ。もう、一緒にお家、帰ろうか。

二人：ありがとうございました。

深い学び／楽しみの実現に向けて

　ツッコミは、ボケとともに教育漫才の両輪です。

　ツッコミを作るうえで、こんな変な場面／変なセリフを前にして、「どう言えば観客は自分の気持ちを言ってくれた、として笑ってくれるだろうか」と子どもたちは考える力を養っています。

　ボケはボケ、ツッコミはツッコミと分離するのではなく、ボケ役の子どもと一緒になって作ることで、コミュニケーション能力を養いながら、ペア・コンビでの創造性を高めることにつなげたいです。

三段落ち基本編
ネタを作ってみよう!

特徴

・教育漫才のパターンを掴むことができる。

・教育漫才の基本は言葉のテクニックだということが分かる。

育まれる子どもの力

・身近な物事や感情を言葉にする力

・論理的思考力　　・文章構成力

♥ 使うタイミング・こだわること

・三段落ちのワークシート、放送作家、金井夏生先生にご指導いただいて作ったツールがありますのでご参考にしてください。次のページにワークシートを載せています。タイトルは「僕の/私の好きなもの」。コンビバージョンと、トリオバージョンの2種類用意しています。

・三段落ちの基本は、ツッコミが最初に、何か一つのジャンルで問いかけて、ボケがそのジャンルで二つ回答した(フリ)後、全く違うことを言い、それに突っ込むことで、オチを付けるということです。

・オチにもってくるものは基本的に何でもよいのですが、発音が似ていたり、韻を踏んでいたりすると、言葉を扱っている面白さが広がってよいです。

気をつけたいこと

・浮かびにくい場合は、右記の例や、実際の漫才コンビの三段落ちの例の映像などを見せてあげるとよいでしょう。「2つ同じようなことを言われたときに、3つめがきたら、3つめも同じことを期待しない?」と補足してあげてもいいかもしれません。

子どものやり取りの具体例①

A：好きな野菜ってなあに？

B：うーん、トマトとか。甘いから。

A：なるほど。ほかには？

B：もやしとか。シャキシャキしてるし。

A：なるほど。ほかには？

B：トリ肉とか。

A：おいしいよねー、ってトリ肉は野菜じゃないよ！もういいよ。

2人：ありがとうございました〜！

子どものやり取りの具体例②

A：ねぇ、どんな犬が好き？

B：うーん。ラブラドールが好きだな。あの垂れた耳がたまらなく可愛い。

A：なるほど、つぶらな瞳も可愛いよね！ほかには？

B：うーん。秋田犬が好きだな。凛としていて格好良いよね。

A：なるほど。最近は世界的にも有名になったな。ほかには？

B：あの、温かくて、おいしくて……たまらない……

　　ホットドッグ！

A：そうだよね、そのドッグは可愛いよね！

　　って、ドッグはドッグでも犬のドッグじゃないでしょ！

2人：どうも、ありがとうございました。

深い学び／楽しみの実現に向けて

　三段落ちは、学力の視点からみると語彙力を試される課題です。子どもたちは生活の中でたくさんの言葉に出会っていますが、いざ出してみようとすると出てこないものです。「ジャンル」だったり「自分の好きなモノ」という題目を与えることで、子どもたちの身近にあるものや経験した事を追体験して、語彙の整理につながっていく作業だということが分かりました。例えば、夏休みの絵日記や、連絡帳などを見直して自分が出会った言葉を思い出すことを促してもいいでしょう。

ツッコミ　　　なるほど〜（などの合の手）

ボケ　　　　　あとは「　　　　　　　　　　　　　　　　　　」とか。

ツッコミ　　　なるほど〜（などの合の手）

ボケ　　　　　あとは「　　　　　　　　　　　　　　　　　　」とかかな。

ツッコミ　　　「　　　　　　　　　　　　　　　　　　」とかかな。

ツッコミ　　　「　　　　　　　　　　　　　　　　　　」！

ボケ　　　　　もういいよ！

ボケ・ツッコミ　どうもありがとうございました〜

36

『教育漫才を作ってやってみよう』

ボケ	
ツッコミ	

タイトル　［ぼくの／わたしの好きなもの］

ボケ・ツッコミ　はいどうも～。「　　　」です。

ツッコミ　わたしの（ぼくの）名前は、「　　　」です！
　　　　　「　　　」※趣味・特技など

ボケ　ぼくの（わたしの）名前は、「　　　」です！
　　　「　　　」※趣味・特技など

ツッコミ　ところで好きな「　　　」ってなあに？

ボケ　そうね～「　　　」とか。

ツッコミ①　ところで好きな「　　」ってなあに？

ツッコミ②　わたしはね～、「　　」。
　　　　　なるほど～。

ボケ　　　わたしはね～、「　　」とか。

ボケ　　　なるほど～　（などの合の手）

ボケ　　　ぼくはね～、「　　」。
　　　　　なるほど～　（などの合の手）
　　　　　あとは「　　」とかかな。

ツッコミ①・②　「　　」！もういいよ！

３人　　　どうもありがとうございました～

『教育漫才を作ってやってみよう』（トリオ版）

ボケ		
ツッコミ①		
ツッコミ②		

タイトル ［ぼくの／わたしの好きなもの］

3人　はいどうも〜。「

ツッコミ①　わたしの（ぼくの）名前は、「　　　」です！

　　　　　「　　　　　　　　　　　」※趣味・特技など

ツッコミ②　わたしの（ぼくの）名前は、「　　　」です！

　　　　　「　　　　　　　　　　　」※趣味・特技など

ボケ　ぼくの（わたしの）名前は、「　　　」です！

　　　「　　　　　　　　　　　」※趣味・特技など

　　　「　　　　　　　　　　　」です。

三段落ち　応用バージョン1
三段落ちの繰り返し

特徴

・三段落ちを繰り返して、笑いのツボを増や
して、笑いのレベルを高めましょう。

育まれる子どもの力

・応用力
・視野の広がり
・オリジナリティーの広がり

💗 使うタイミング・こだわること

・子どもたちは、次第に基本の型「三段落ち」を離れ始めます。特に中学年以上にな
ると、経験と、テレビで漫才を見て自分なりのネタ世界を創造し始めていきます。
そんな子どもたちのためのヒントを考えておきたいと思います。三段落ち応用バー
ジョンが二つあります。その一つ「三段落ち　繰り返し編」を紹介します。

① 三段落ち基本形を創作。

② ①の基本形×2を創作。

③ ①②の基本形と同じように「普通のこと☞普通のこと☞落ちの視点」を追加。

④ 何回繰り返すかは、時間の制約などを考えて、コンビ・トリオに決めさせます。

💥 気をつけたいこと

・次第に慣れてくると、自分たちの個性を生かしたいと思うあまり、収集がつ
かない場合も。一度「三段落ちのワーク・シート」に立ち戻るよう促し、笑
いを作る原点を考え直せるようにしましょう。

子どものやり取りの具体例

Ａ：好きな野菜ってなあに？

Ｂ：うーん。トウモロコシとか。甘いから。

Ａ：なるほど。他には？

Ｂ：もやしとか。シャキシャキしているし。

Ａ：なるほど。他には？

Ｂ：トリ肉とか。

Ａ：おいしいよねー、ってトリ肉は野菜じゃないよ！しっかりしてくださいね。

Ａ：ところで、好きな教科ってなあに？

Ｂ：図工かな。ものを作ることが、好きだから。

Ａ：なるほど、他には？

Ｂ：体育です。　体を動かすと気持ちがいいから。

Ａ：なるほど、他には？

Ｂ：給食かな。野菜を食べていると幸せになるから。

Ａ：ちょっと、給食は教科じゃないでしょ！野菜に戻ったし！もういいよ。

２人：ありがとうございます。

三段落ちを二回繰り返すだけでも、芸人が披露するような立体的なネタになっていきます。さらに、３回、４回と繰り返すことも可能です。

深い学び／楽しみの実現に向けて

　　低学年の子どもたちは、「三段落ち」を繰り返し、基本形の型を活用しながら言葉をはめ込みながら、ネタを創作していきます。中学年以上になると、それだけでは満足できず、オリジナリティーを求め始める姿を多く見てきました。いわゆる創作意欲に燃え、他のコンビ・トリオには真似できない自分たちのネタで、観客を笑わせようと試行錯誤を始めていくのです。そういったときは、教師は、おおらかに見守ることが大切です。教師の出番は、なかなかネタ作りの進まないコンビ・トリオに助言を求められたときに、「ちょっとしたアイデア」を提供したいものです。以降で紹介するさまざまな型を参考にして助言してみてください。

三段落ち　応用バージョン2
三段落ちのネタを膨らませる

特徴

・三段落ちのネタを膨らませて、笑いのツボ
　を増やして、観客の笑いをとります。
・教科等横断的な視点が生まれます。

育まれる子どもの力

・応用力
・オリジナリティー　　・発想力
・語彙力

使うタイミング・こだわること

・オリジナリティーの追及方法に悩んでいる子どもたちに、「作ったものを肉付けする」形でアドバイスしてあげるのも一つの手です。三段落ち応用バージョンの2つ目を紹介します。三段落ちのネタを膨らませるやり方です。
① 　三段落ちで基本の型を創作する。
② 　その型のネタに、コンビ・トリオの「言葉」で肉付けして膨らませる。
③ 　コンビ・トリオの日常生活の観察力や、社会生活への関心がポイント。
・ネタを膨らませるためには、言葉の調べ学習も効果的。

気をつけたいこと

・コンビ・トリオの個性が発揮されるときですが、「ネタの原則は、観客みんなが知っている内容」です。自分たちの世界で受ける「マニアックすぎるネタ」には、「これはみんな知っている内容かな？」などの助言が必要です。マニアック過ぎると、知識の披露に終始する印象となり、スベってしまいます。

子どものやり取りの具体例

A：好きな野菜ってなあに？

B：うーん。「トウモロコロシ」とか。甘いからね。

A：なるほど。「トウモロコロシ」は美味しいよね。ちょっと、それは、映画『となりのトトロ』に出てくる可愛い「めいちゃん」のセリフでしょ。「トウモロコシ」でしょ。ここは、学校ですからね。正しい言葉を使ってくださいね。

B：「トウモロコシ」は、う「めい」よね。

A：名前で遊ぶの、やめなさいよ。他に好きな野菜はなあに？

B：「もやし」とか。シャキシャキしているし。

A：なるほど。モヤシはシャキシャキしていますよね。知っていますか。皆さん。ひ弱な子どもの例えに、「もやしっ子」なんて、たとえに使われることがありますね。モヤシの名誉回復のために、モヤシのお母さんって知っていますか。

B：小豆でしょ。小さい豆と書いて、「小豆」でしょ。知っていますよ。

A：惜しい！実は、大きな豆と書く「大豆」なんですよ。栄養満点で、「畑のお肉」と称されるくらいの大豆です。その大豆から生まれたのが、なんと「もやし」なのです。

B：そうなのですね。よく知っていますね。

A：ですから、栄養満点の「もやしっ子」とは、健康な例えに使うべきできなのです。皆さん、学校にふさわしい内容になってきましたね。他には？

B：トリ肉とか。

A：おいしいよねー、ってトリ肉は野菜じゃないよ！もう一度学び直しましょう。

2人：〇〇先生、教えてください。ありがとうございましたー！

深い学び／楽しみの実現に向けて

　オリジナリティーを求める中で、発表に必要な基本的な知識・技能を超えていくことや、視野の広がりが育つことが、「教育漫才」教育の魅力の一つです。「温かい笑い」の中で、いろいろなコミュニケーションの在り方と体現できる大人に育っていく予感を感じることができるからです。これからの時代に求められる「他者と協働しながら、課題に対してたくましく創造する力」を後押ししたいですね。

　ネタを膨らませる段階では、辞書や新聞、教科書、タブレット端末などを用いて、「情報収集」を呼びかけましょう。教科等横断的視点で学びを深めながら、教育漫才は面白くなっていきます。

三段落ちにプラスα
「ベスト○位」型教育漫才／キーワード教育漫才

特徴

・三段落ちが理解できれば、次は簡単な応用です。三段落ちの流れで進めながら、独
　創性を盛り込む要素を増やす方法です。

育まれる子どもの力

・発想力　・文章構成力　・型の応用力

♥ 使うタイミング・こだわること

・ネタ作りのヒントを準備しておくと、ネタ作りで困っているコンビ／トリオに適切
　な助言ができます。

①「ベスト○位」型教育漫才

　「好きな食べ物ベスト3」というようなランキングしていきます。誰にでもある趣
味や嗜好をランキングすることによって、ネタ作りの発想が広がります。例えば「好
きなスポーツベスト3」「苦手な食べ物ベスト5」等です。

②「キーワード」型教育漫才

　一つのキーワードを柱にネタを考えていきます。例えば、「ぬるぬる」を使うとす
ると、「ぬるぬる」するものを可能な限りあげていきます。辞書で調べると、「納豆、
オクラ、なめこ」等があります。また、キーワードを「同音異義語」で考えると、「塗
る」があります。ここを「落ち」とし、三段落ちに当てはめていくのです。

深い学び／楽しみの実現に向けて

　教育漫才のねらいは、人を笑わせることをテーマにしてネタを作りあげること。
観客の共感を誘いながら笑いを取るために、「言葉への鋭敏さ」と「整った文書
構成」必要です。「ベスト○位」や「キーワード」を三段落ちに活用しながら組
み立てるとネタ作りのための思考が整理されていきます。

　また、ネタ作りをしていると、相方とのコミュニケーションを通して、自己内 ↗

① 「**好きなスポーツベスト3**」

A：好きなスポーツ教えてよ。

B：いいよ。それでは発表します。第3位は野球です。

（三段落ち応用「膨らませる」挿入も可能）

A：次にベスト2を教えてください。

B：第2位は卓球です。何人でやるスポーツでしょう。　A：えっ。2人です。

B：ピンポーン！よく当てましたね。

A：英語でピンポンね。ベスト1を教えてください。

B：第1位は漫才です。　　A：なんで？

B：漫才は言葉の格闘技と言われています。コミュニケーションスポーツです。

A：スポーツじゃないでしょ。でも漫才愛があふれています。もういいよ。

> **三段落ち応用「膨らませる」**
>
> A：へぇー。好きなチームってありますか？
>
> B：千葉ロッテマリーンズです。
>
> A：ほー、一緒です。選手では誰が好きですか？
>
> B：それはもう、「コアラのマーチ」です。
>
> A：それって、チョコでしょ！

② 「**キーワード　ぬるぬる**」

A：苦手な食べ物ってありますか？

B：あります。実は、「ぬるぬる」した食感が苦手なのです。とくに納豆です。

A：なるほど。いますよね、そういう方。他には？

B：山芋です。あの食感がどうも苦手です

A：なるほど。いますよね。そういう方。他には？

B：絵を描くのが苦手です。（筆で絵を描く動作をしながら）あの「塗る、塗る」が苦手なんです。

A：なるほど。それって、同じ「ぬるぬる」でも絵を描く時の「塗る、塗る」じゃないですか。もういいよ。ありがとうございます。

対話が展開されていきます。「自分が好きなものは？」「自分が嫌いなものは？」と考える中で、自己分析が始まるからです。「相方とは趣味や嗜好が似ている」「相方は、今まで元気なわんぱくなイメージがあったのに、穏やかなのだなあ」等、相方との共通点や相違点に触れます。ここも教育漫才の魅力です。

物語風ネタ作り

いらっしゃいませー!

特徴

・一つの物語が展開するようなネタ作りができます。いわゆるコントですが、大がかりなセットが作れない教育漫才では「物語風ネタ作り」と呼びます。

育まれる子どもの力

・想像力　・創造力　・観察力

♥ 使うタイミング・こだわること

・次第にオリジナリティーを発揮したいと、普段テレビ番組などで見るコントを真似ようとする子どもが出てきます。ただ、大がかりなセットは組めませんので、あくまで「喋り」と「動作」で取り組むための型を紹介します。

①場面設定

→普段利用する施設やよくテレビなどで見る身近な環境がよいでしょう。登場する人間関係、時間帯など、ある程度決めておくと、ブレないネタにしやすいです。

②ボケ・ツッコミの役割分担

③「常識」を考え、その場面ではありえない「ズレ」を創作

→店長なのにレジ打ちができない、自動ドアなのに開かない、など「常識」をまず考え、そこからズラす考え方が簡単です。「三段落ち」「ダジャレ」などを組み合わせていくと笑いをとるために分かりやすい展開にすることができます。

✷ 気をつけたいこと

・設定を複雑にしすぎると観客はついていけませんので、配慮が必要です。

具体例

　場面設定は、誰でもが共有できる生活環境からの場面設定が適しています。子どもの生活エリアは、意外と狭く、①学校、②地域、③家が中心です。以下の例を参考にしていただき、場面設定と役割を考えるよう勧めましょう。

① 　学校―先生と子ども

② 　地域―ファミレス、本屋、文房具屋：店員とお客、店主とお客
　　　　　　　　病院：医者と患者、会社：工務店の社長とお客

③ 　家―父・母、おじいちゃん・おばあちゃん、兄弟姉妹

　場面設定が決まったら、「三段落ち」・「あいうえお作文」「ダジャレ」などの「ズレ」を活用したり、物語風にしたり、ネタを創造していきます。

　以下は、病院を場面として、患者役がツッコミA、医者役がボケBとしたネタです。

Ａ：将来は何になりたいか、考えていますか？

Ｂ：僕は、将来歯医者さんになりたいと思っています。歯医者さんやってみたいので、
　　患者さんやってくれるかい？（最初に「病院」の設定を観客に伝えます。）

Ａ：歯医者さんか！志が高いなあ。やりましょう。

Ｂ：ありがとう。じゃ、ドアをノックして入ってきてくれる？

Ａ：先生、親知らずが、痛くて！

Ｂ：私も虫歯です。先に抜いてください。

Ａ：なんで患者が、歯を抜くのですか。できるはずがないでしょ！

Ｂ：まあ、そう言わず。練習台にしてください。焼くなり煮るなり、お願いします。

Ａ：なら、抜きますよ。（スポン……）全部入れ歯じゃないですか。

Ｂ：楽しかったし、すっきりしたので、歯医者廃業します。

Ａ：まったく歯医者やってないじゃないか。もういいよ。

深い学び／楽しみの実現に向けて

　日常の中に潜む矛盾や、日常で見かける光景の中に、「ズレ」を見つけることがネタ作りのポイントで、このネタ作りが、自分の生活を見つめ直すきっかけになり、周りへの関心が広がっていきます。

　発展としては、実は、授業にネタになる材料がたくさんあります。例えば、社会で学習した歴史上の人物、理科で学んだ昆虫の視点から見た人間たち、家庭科で学んだ調理、体育・音楽ならリズム、図工なら一枚の絵の鑑賞等があります。積み重ねることで、日頃から物事を観察する視点が育っていくと思います。

ダジャレ

・ダジャレは子どもたちに一番身近な笑いのツール。この笑いを洗練する過程で、言葉／日本語の面白さに気付かせたいです。

育まれる子どもの力

・言語能力
・語彙力

使うタイミング・こだわること

・ダジャレは、漢字で書くと「駄洒落」で、洒落は「オシャレ」にもあるように、面白かったり美しかったりすることを言う日本の伝統的な価値観です。語頭に「駄」とついているのは、言葉遊びとして民衆に普及したときに誰でもできることから文化水準が下がったことを意味しているそうです。子どもたちにとって親しみやすい文化になっていると解釈して、前向きにとらえたいと思います。

・まずは名前でも、身の回りのものでもかまいません。そこから、各教科等で習ったものや季節の単語を取り入れると、笑いの質が高まるとともに、子どもたちの言葉への感性が鋭くなっていきます。ダジャレが決まったときの、笑い以外のちょっとした感動から、子どもたちが言葉の面白さに気付くきっかけになるように導きたいです。

気をつけたいこと

・身近ではない言葉を使うのもよいのですが、内容が難しすぎる場合、口頭だけだと伝わらないことがあります。そうしたときはフリップなどの作成を推奨するなど、相手に分かりやすい発表の仕方を心がけましょう。

子どものやり取りの具体例

A：また田畑校長先生がお笑いの当番は誰？って聞いてきたよー。

B：コウチョウ先生、絶コウチョウだね！

A：君が一緒にやってこい！

B：でもキョウトウ先生がキョウトウ番でしょ？

A：もういいよ！君が当番だよ！

その他の具体例

〈名前〉

・りかちゃんは理科が大好き。

〈学校にあるもの〉

・校庭に皇帝が来た。

〈教科名〉

・さっき図工室でずっこけたよ。ズコーッって！

・音楽の時間の、気温が九度でした。

STEPUP〈外国語と絡める〉

・リンゴの海、でアップアップ。（溺れる動作をしながら）

・オレンジは「俺んち」にあるよ。

・友達のことには「ふれんとこ」。

・お米をスライスしてみました。

深い学び／楽しみの実現に向けて

　　ダジャレは同じ音の言葉を探すだけでなく、上記STEPUPの例のように外国語と絡めることや、吉本新喜劇では「けがなくてよかったね！」「だれが毛が無いだ！」といった同じ文章だけど違う読み方でとるなど、実はかなり奥が深い世界なのです。

　　例えば、一つのダジャレで満足している子がいたら、具体例の上のように、「校長先生で作ったのなら、ほかの先生でも作れるんじゃない？そうしたら、つながりが広がってもっと面白くなるよ」と助言するとよいでしょう。

あいうえお作文

特徴

・テーマに沿って言葉を紡いでいくので、しりとりに似ていて作りやすく、聞き手にとっても分かりやすいです。

育まれる子どもの力

・文章構成力
・語彙力

使うタイミング・こだわること

・「あいうえお作文」は、昔からの言葉遊びの一種類です。何かの文字を文頭、あるいは語頭に設定するだけなので、誰でも取り組みやすいことと、聞き手の期待の高まりも作りやすいことが利点です。一方で、ただ言葉を並べるだけでは笑いにはならないため、三段落ちの構成だったり、最後の言葉／文章がズレを生み出したりしている必要があります。

・例えば具体例では、名前の語頭を使って、友達のいいところを紹介してあげるとして、「ほめて→ほめて→別の視点」という形にしました。

・子どもたちにとっては、ネタ作りを焦点化できるので、構成について困っている子には勧めてみると刺激になると思います。

気をつけたいこと

・一番最初の文章がその全体の文字で始まると、面白みが減るので注意。例えば「バ」「ナ」「ナ」で作るときに「バナナを食べて」というように、1文字目の「バ」の文章から始めないよう注意したいものです。

子どものやり取りの具体例

A：ところで、「あいうえお作文」って知っている？

B：知っていますよ。名前の文字を使って、紹介のときなどに使いますよね。

A：さすがですね。じゃ、やってみましょうか。

B：いいですよ。よしのさんの「よ」。「よ」く見ると、ハンサム。

A：なんか気になるけど、「ハンサム」。まあ、いいか。ありがとう。次は、

B：よしのさんの「し」。「し」んがんで見ると、「心がきれい」

A：心の眼ね。深いね。なんか気になるけど、「心がきれい」。
　　まあ、いいか。ありがとう。次は？

B：よしのさんの「の」。「の」ぞき見すると、「シャツが魅力的」。

A：なんか気になるけど、「シャツが魅力的」。まあいいか。ありがとう。わたしのよ
　　さを、なんとなく、伝えてくれてありがとう・

B：じゃ、今度は、わたしの名前でやってみてよ。

A：いいですよ。たばたさんの「た」。「た」よりになります、どこから見ても。

B：なんか嬉しいな。そんなに頼りになるかな。ありがとう。

A：次は、たばたさんの「ば」。バイタリティーあふれるばたやん。

B：なんか嬉しいな。そんなにバイタリティーあるかなあ。ありがとう。

A：次は、たばたさんの「た」。「た」のまれました、全部いいこと言うのだぞ、との
　　「た」。

B：内緒だって言ったのに。もういいよ。

二人：ありがとうございました。

深い学び／楽しみの実現に向けて

　社会人になってからも、自分の苗字を使ったあいうえお作文で自己紹介する人って結構いますよね。学級目標をあいうえお作文にしているクラスも多いはず。本のタイトルなどでも頭文字をとった語呂でネーミングしている例が多いと思います。学校で言えば、防災の「いかのおすし」や、社会科では「ASEAN」「SDGs」など、頭文字をとって覚えやすくしている例も多いです。卒業後も使っていける力になるでしょう。

やってみましょうか。「○○○」でお願いします！

ツッコミ

ボケ　1文字目「○

ツッコミ　「

ボケ　2文字目「○

ツッコミ　「

ボケ　3文字目「○

ツッコミ　「

ツッコミ・ボケ　ありがとうございました。

」もういいよ！

頭文字になる言葉をしょうかいしよう

『3文字のあいうえお作文を作って教育漫才をやってみよう』

ボケ	
ツッコミ	

タイトル [　　　　　　]

コンビ名 [　　　　　　]

ボケ・ツッコミ　はいどうも〜「　　　　　　　　」です。

ツッコミ　私の（僕の）名前は、「　　　　　　　　」です！

　　　　　「　　　　　　　　　　　　　　」※趣味など自分らしさを伝えよう。

ボケ　僕の（私の）名前は、「　　　　　　　　」です。

　　　「　　　　　　　　　　　　　　」※特技など自分らしさを伝えよう。

ツッコミ　ところで、「あいうえお作文」って知っている？

ボケ　名前の文字を使って、紹介のときなどに使いますよね。

あるあるネタ

特徴

・言語化が難しいけれども、「言われてみると確かに」というネタで、観客の共感を誘い、温かい笑いが広がります。

育まれる子どもの力

・観察力
・言語化能力／語彙力

使うタイミング・こだわること

・日常生活で見かける、人や動物の動作や、特定の場面における心情などは、実は規則性が潜んでいたり、とても価値のある行為だけれどもまだ誰も価値付けていなかったりすることがあります。

・あるあるネタでは、そうした「気付き」を言語化するため、なかなか子どもたちにはハードルが高いです。チャレンジしている子に対しては、「まず自分の一日の行動を言語化してみて、コンビ／トリオの子と共通していることはあるかな？」など、声を掛けましょう。

気をつけたいこと

・テレビでは見かけることも多いですが、一方で不用意にレッテルを貼ることになりかねないことだけ注意しましょう。「○○くんは、問題の回答が分かっていないのに手を上げがち」などです。

・また、偏見や差別を加速する場合はより丁寧に指導することが求められます。「お父さんは家事もせずダラダラしがち」などの発言があれば、**男女の性的役割分業などが見直されている時代であること**を伝えて、よりよい案を一緒に考えてあげるのがよいでしょう。

具体例

A：ねぇねぇ、一緒に「動物園あるある」しない？

B：いいよ、まずは僕から。

　「大きい鳥が急に鳴いてビックリする」。クエーッ！

A：びっくりした！　じゃあ次は私ね。

　えーと、「途中で暑かったり寒かったりしたら夜行性の動物の建物に避難する」。

B：屋内は空調きいてるもんね。いや、ちゃんと動物の観察をしようよ。

　うーん、あとは、「見えたものを口にしがち」。あ、鳥！あ、ゴリラ！あ、Aさん！

A：私は動物じゃないよ！もういいよ、ありがとうございました。

　あるあるネタそれだけでは、共感だけで終わってしまいます。例えば三段落ちにして、三つ目は「ありそうであるあるではないこと」をもってくることや、上記の例のように、ありがちなシナリオにおいて、ちょっとズレたことを付け足すなどの工夫も必要です。

深い学び／楽しみの実現に向けて

　気を付けたいことでも触れましたが、あるあるネタを考える過程では、見過ごされがちな差別意識が言語化されることがあります。「男の子だから昼休みにサッカーしがち」「女の子は一輪車乗りがち」などは、サッカーがしたい女の子や一輪車に乗りたい男の子を抑圧してしまいかねません。

　一方で、これはそうした考え方がクラス内に少なからずあるということで、見直すきっかけにもなります。子どもによっては、そうした「クラス内で普通」とされることに合わせようと、自分の思いを抑制していることもあるでしょう。

　他者理解や集団の思考の理解など、ポジティブな笑いについて考えるとともに、多様性についての理解を深める成長トピックです。

モノマネ

特徴

・何かの声、形態、動作の真似をすることです。リアリティを高めるためには工夫が
必要です。

育まれる子どもの力

・観察力
・表現力

使うタイミング・こだわること

・モノマネはかなり子どもに身近なジャンルです。いわゆる有名人のモノマネといっ
た、具体的な対象が実在している場合と、例えば「〇〇の店員」など抽象的な場合
があります。そして子どもたちは「おままごと」など幼児期から、実際に行ってい
ます。ある意味で、テクニック12の物語風教育漫才は、モノマネの連続であると
捉えることができます。モノマネだけでネタにしようとすると、工夫が必要です。

・まずは、改めて真似しようとしている対象を観察すること、そしてできれば声だけ
でなく動作も付けて、それを鏡で確認するなどをさせたいところです。そして教育
漫才では基本コンビを組むので、相方と掛け合いになるように、真似する対象に
なりきって、アレンジするよう勧めましょう。

気をつけたいこと

・対象は身近な人やもので構いませんが、誰かをあげつらうようなネタは教育
漫才としては推奨できません。

具体例

B：どうもー。早速ですが、わたしは特技があるんです。

A：へー、なんですか。

B：絵画のモノマネです。何の絵か当ててみてください。

　（Bが頬に手を当てて悲痛な顔をする）

A：『ムンクの叫び』ですね。えーっと画家は？誰だっけ。

B：ムンクが著者で、『叫び』という作品ですよ！次。

　（Bが少し半身になり、体の前で、左手首を右手で掴み、微笑みを浮かべる）

A：『モナ・リザ』だ！これは知ってます。レオナルド・ダ・ヴィンチですね。

B：正解。すごいですね。では最後は難しいですよ。

　（BがAと向かい合って似た表情をする。Aが動くと合わせて動く）

A：いや、それ鏡だから！私かよ！もういいよ！

　著作権等の関係で、ここでは絵画を取り上げましたが、流行りのアニメやドラマのフレーズを使うのもありでしょう。また、理科で習う虫などの生態などを使えば、教育的効果も高まります。何かを模写するだけに止まらず、他教科等で培った資質・能力を生かせる方向で、対象を選ぶようにしたいですね。

深い学び／楽しみの実現に向けて

　何かを真似するという行為自体が、人類の歴史上、重要な能力でした。もちろん最先端の科学でも、動物の動きを分析して商品開発をしていることがあります。観察する・分析する・同じ動作ができるようになる、という一連の営みから、新たな発想や、オリジナリティが生まれることも往々にしてあるでしょう。

　真似をするという行為の本質に気が付くことができれば、持続的な学習の態度が身に付くことでしょう。

時事問題をネタに取り入れる

○時の
ニュースです

特徴

社会科などでニュースを取り上げる単元などで、成果を教育漫才で発表という形にも使えます。

育まれる子どもの力

・情報収集能力
・社会事象への関心

💬 使うタイミング・こだわること

・爆笑問題（タイタン）やナイツ（マセキ芸能社）は、時事ネタを得意としています。落語では演目に入る前に最近の話を取り上げて、観客との距離を縮めて本題に入っていく部分を「まくら」と呼びます。最近のニュースは、観客が「思い出す」ハードルが低いのです。ビジネスでは「リアルタイム・マーケティング」という言葉があります。停電があれば、電気がなくても使えるものなどが注目を集めるように、最近注目されているものは、観客が潜在的に興味を向けているのですね。

・小学生も、テレビなどでニュースに触れる機会は多いです。何より、「情報」の重要性が強調されている新学習指導要領において、情報に触れ、内容を理解し、教育漫才のネタとして発表する中で、その資質・能力を育む機会にできます。

⚠ 気をつけたいこと

・学習として扱う際には「ネタにして終わり」ではなく、ネタの後に、「本当はどんなニュースでしたか？」と調べたことを改めて発表してもらったり、教師が補足説明をしたりし、事実を子どもたちに伝えるようにしてください。

子どものやり取りの具体例

A：ところでさ、「桜を見る会」が毎日ニュースに流れていますね。どう思います？

B：そうだね。あれには、一つの問題があります。コロナ禍の中で実施するから問題になるのです。三密を避けなければならないのに！

A：確かにそうですね、皆さんも三密に気を付けてくださいね……Bさん、それ間違えています。コロナの前のことですから。

B：実はあれには、問題の本質が隠れています。「桜を見る会」の前日の夕食にしたからです。お金がかかり過ぎたのです。昼食、ランチタイムにしたら、1000円くらいで済んだのに……

A：Bさん、いやいや、そういう問題じゃないです！

B：あとは、「紅葉を見る会」にするとよかったのです。

A：どういうことですか？

B：紅葉の頃なら、もみ（紅葉）消しなんて朝飯前ですからね。

A：散り際も美しかったらよいのですけどね。いや、もういいよ。ありがとうございます。

深い学び／楽しみの実現に向けて

　例えば、調べ学習で壁新聞を作った後、パネル発表を教育漫才で行う形も考えられます。大事なのは、最近のニュースをいじって終わりではなく、問題点やニュースで取り上げられている意味を理解しているか、また、それらに注意が向くようなネタの構成になっているかです。

　芸人というと「人をいじる」イメージがありますが、それは相手を深く理解している前提があって成り立つ芸能であり、単純に容姿や言動をからかうことは、学校に限らず「いじめ」です。教育漫才で取り扱うものへの敬意を子どもたちが忘れないようにフォローすることが、教育漫才における教師の重要な役割です。

動きによる肉付け

特徴

動きは、相手を惹きこむ力があり、個性の差をつけるポイントです。

育まれる子どもの力

・言葉以外の表現力
・観客を意識する力

♥ 使うタイミング・こだわること

・発表においてジェスチャーは大事です。一つの感情を表すのにも、いろいろな動作があります。政治家や企業の役員らが、時に身振りを交えながら表現する姿勢は、印象に残りやすいし、観客の集中力を持続させるのに効果的です。

・子どもたちはネタを覚えるのに精いっぱいですので、動きは必要最低限でも大丈夫。山椒は小粒でもピリッと辛い、の意識です。ここで「笑わせるぞ」というポイントで動きを大事にするように伝えてあげるのが効果的です。簡単なリズムネタを作っている子どもたちには、シンプルな動作を足すことで観客を惹きつけることができますし、特に自分より年が下の子どもたちにも分かりやすいネタになります。

・さらに教育漫才では、滑稽なまでに動きを付けることも有効な場合があります。面白いだけでなく惹きこまれる漫才師は、ネタの中で「間」と「動作」で緩急をつけて「笑わせる」ポイントに観客の集中を誘導しているのです。

子どものやり取りの具体例

①登場シーン

・手を叩きながら登場する　・一人が遅れて登場する　・登場と同時にこける

②ネタ中

・動物などの動きの真似

例）カニのダジャレネタで、ダジャレを出す度に「カニ、カニ、カニ」とリズムよく両手でカニのはさみを動かすネタをする。

・時間差で感情表現をする

・大きなリアクションをするボケ

感情表現の例）

「驚く」―「両手を上げて」「半身をのけぞらせて」「拍手しながら」「うなずきながら」

「笑う」―「腹を抱えて」「鼻で」「含み笑い」「魔女のような」

気をつけたいこと

・「動作ばかりに夢中になり、早口になる」「余計な動作が多くてどこで笑わせたいのか分からない」など。子どもたちには、鏡のある部屋などで見直すきっかけを用意してあげるといいでしょう。タブレット端末などで動画撮影してもよいです。

深い学び／楽しみの実現に向けて

　三段落ちなどの言葉で勝負するネタだと、発達の段階によっては、動作はなくてもいいほどです。観客に合わせた動作があることを考え直す声掛けをすることで、表現だけでなく、相手意識を育むことができます。

　また、中学年以上になると、「店員と客」などの物語風教育漫才に挑戦するグループが多く現れます。その際は、「自動ドアが開く」「お辞儀する」など誰でもうなずけるものから、「ドリンクバーで混ぜるジュースを作る人」などのニッチなモノマネまで、幅広い動きがあります。大事なのは、思っているように自分の体を動かせない、ということです。鏡や動画などで見直し、改善する機会を設けることが非常に重要です。

ネタの素材集め　生活の音から

特徴

共感できる素材を盛り込むことで、ネタをぐっと身近に感じさせることができます。

育まれる子どもの力

・情報収集能力
・生活環境や社会事象への関心

使うタイミング・こだわること

・過去に「まちの防災無線」を取り上げた子がいました。「もうすぐチャイムがなる」と振っておいて「防災無線」を唱えることで、ズレを生み出しながら「あー、いつも聞こえてくるあの放送だ！」と思わず観客の子が声を上げていたのが印象深いです。こうした地域限定の素材は「身内ネタ」として、違う地域の人に発表する際は避けられますが、教育漫才では非常に有効です。自分たちの生活環境にアンテナを張り巡らせて興味あるものを見付ける、当たり前と思っていたものが、なんだか面白いぞ、となると、これは例えば図画工作科の目標にある「生活や社会の中の形や色などと豊かに関わる資質・能力」を育むきっかけにもなります。

気をつけたいこと

・「○○さんのお母さん」などを対象にしても、発表者にしか分からず観客に伝わりにくいです。また、その素材を貶めるようなネタには、「自分がそのようにまねされたらどう感じるだろう」と問いかけが必要で、道徳教育の視点からもタイムリーに指導して、豊かな心を育てる機会としたいです。

子どものやり取りの具体例

A：そういえば、〇〇小ってチャイムならないよね？一回やってみようよ。

B：いいよ。

C：計算ドリル終わったー。（ドリルを頭の上に掲げる）

B：プー、プー。美味しいお豆腐の「染野谷」です。

A：そのチャイム、お豆腐食べたくなるわ！

B：ごめんごめん。もう一回やろう。

C：ドリル終わったー。（ドリルを頭の上に掲げる）

B：トロン、トロン、トロン　地震です。

（二人頭を抱えてしゃがみこむ）

A：それ、怖いわ！

B：そうだよね、怖いよね。もう一回、最後やろう。

C：ドリル終わったー。（ドリルを頭の上に掲げる）

B：ピーンポーンパーンポーン。こちらは、防災無線越谷です。越谷市役所より迷い
　　人のお知らせです。青い服を着て黒いズボンを履いた、Cさんの行方が分からな
　　くなっております。

C：…それ、俺だし…！　　AB：どうも、ありがとうございました。

（平成28年東越谷小学校第2回東っ子漫才大会より2年生「空・海・風」のネタより）

深い学び／楽しみの実現に向けて

　　上記のネタは、親しみやすい素材を取り入れつつ、三段落ちを応用しています。
それも学校の周りの豆腐屋さん、学校の児童なら誰でも知っている音で軽く笑い
を取り、訓練の地震警報で緊張感を高め、最後は防災無線で相方を迷い人にする、
という流れで大爆笑を取っていました。いつのまにか「耳」に入ってきている音
を、2年生ながらここまでのネタにした着眼点、発想力、構成力には驚きました。
些細なことですが、チャイムの音を言う前には勉強していたことを表すため実際
に計算ドリルを掲げているのも、日常の素材を使って、観客の注意をネタの世界
に惹きつける大事なポイントです。三段落ちの基本から、日常の素材を盛り込ん
で応用した素敵な例として紹介します。

オチの作り方

特徴

・オチは食事で言う後味です。観客が一番盛り上がるところで終わらせるのがよいでしょう。

育まれる子どもの力

・起承転結を意識する力
・型を理解する力、型を破る力

♥ 使うタイミング・こだわること

・オチは最大の難関です。分かりやすい三段落ちの例で考えてみると、最後のボケの後のツッコミで歯切れよく終わることができます。これは、「こうくるだろうな」という観客の期待とはズレたことを言うボケに対して、「ツッコミのセリフ」と「観客の思い」が一致するので、すっきり終われるのです。つまり「フリ」があってのオチなので、伏線をはっているならそれを回収するなどのシーンで「オチ」とすればよいでしょう。他にも、

○ダジャレなどの観客が惹きこまれるうまいことを言って終わる
○ボケを何個も勢いよく重ねて、一番面白いボケを最後にもってきて終わる
　などの考え方もあります。

💢 気をつけたいこと

・プロの漫才では、ツッコミを入れずに無言で終わるなどのネタもありますが、シュールさを追究した結果のオチなので、**教育漫才では難易度が高いです。観客に「ここで終わりだよ」と説明してあげる意識を共有しましょう。**

子どものやり取りの具体例

○うまいことを言って終わる

B：でも運動会は白組を応援しようかな。

A：あなた赤組でしょ？どうして？

B：赤組は衣装にお金かけすぎて、「赤字」になってるからさ。

A：それはダメでしょ！ありがとうございました。

○ボケを重ねる

B：暑い季節といえば、サンタさんだね！

A：いや、あの厚着で活動できないわ。

B：え？クリスマスでしょ？

A：いや、しないし。

B：年越しは？

A：めちゃくちゃ寒いわ！

B：俺南半球住まいだから。

A：理科で習ったやつ！もういいよ！

深い学び／楽しみの実現に向けて

　教育漫才に限らず、話の終わらせ方は、聞き手にとって話者の印象を大きく左右するので大切です。国語科の話合い活動であれば、自分の意見の主張が終わったときに「以上です」「どうでしょうか」など、司会者の発言を促すことも大事です。何かを質問される側だったら、その質問にちゃんと答えているか。

　「話はここで終わりです」ということを共有する意識が、話合いやコミュニケーションにおいて生きる力となるでしょう。

表現の仕方を見直そう

特徴

ネタが出来た後は、表現の仕方を工夫していく段階です。

育まれる子どもの力

・表現力
・学びを自己調整する力

使うタイミング・こだわること

　ネタに自信があってウケないとき、多くは表現の問題です。自分たちがネタの面白さを理解しているが故に、伝えるということをおろそかにしているケースです。右の具体例に羅列した視点などを伝えて、「相手意識」を明確にして、表現を練る時間を設けるとよいでしょう。

　先生一人では見切れないところですので、次の項目では子どもたち同士が見合う「きょうだいペア」のやり方について述べています。

気をつけたいこと

・あまり多くの視点を投げ掛けると混乱にもつながります。今、クラス・個人にとって必要な力はなんなのかを精選して伝えるとよいでしょう。シンプルで、多くの人に分かりやすいネタを作ることを心がけることが大切です。

大事にしたい視点具体

○常に意識したいこと

・発声―声は伝わるようにハッキリと出せているか。

・動き―「小さい、速い」より、「大きく、ゆったり」。全身が映る鏡などで確認できる場所があるとベター。

・姿勢―コンビの方を向きすぎていないか。両方身体は観客の方を向いていても違和感はない。

○ネタをさらに面白く見せるために考えたいこと

・発声―あえて、小声で語りかけるような部分もOK。

・テンポと間―一番笑わせたいところに向けて、緩急をつける。

・動き―ネタの中で繰り返す動きがあると、統一感が生まれることも。

・表情、視線―大きな視覚情報の一つ。眉間にしわが寄っていないかなど注意。

深い学び／楽しみの実現に向けて

　国語科の学習指導要領には例えば、低学年の［思考力、判断力、表現力等］A話すこと・聞くことに、「伝えたい事柄や相手に応じて、声の大きさや速さなどを工夫すること」とあります。

　「相手意識」をもつことは、書くことの「共有」などにもつながりますし、こうした形で自分たちの現状を「客観視」あるいは「メタ認知」し、面白くするにはどんな要素が足りていないのかなどについて考えを伝え合うことは自己の学習を調整することを習慣化することにもつながっていきます。

きょうだいペアで
ネタを見合おう

特徴

・客観的な意見を取り入れ、ネタのレベルを上げる。

育まれる子どもの力

・客観的に物事を見て、意見を伝える力
・意見を聞き、ネタを洗練する力

♥ 使うタイミング・こだわること

・基本的に教育漫才は短い時数でできるようにしています。そのため、先生が全コンビ／トリオの演出家になることはしません。子どもたちがお互いの感性で批判し合うように場を整えてあげるのが「きょうだいペア」を作るねらいです。

・きょうだいペアは、くじ引きの番号でもよいですし、進捗に合わせて、例えばネタの骨子が出来た順番に決めていくでも大丈夫です。

・きょうだいペアは率直に意見を言っていいことを共通認識にしましょう。基本的には、「話し方が聞きやすいか」と「ネタが分かりやすかったか」を視点とします。駄目出しだけではなく、「よかったところ」を伝えることを忘れないようにしましょう。メモしながら感想を書けるように、「よかったところ」「もっとよくしたらいいと思うところ」など書かれた紙を配布してもよいでしょう。

⚠ 気をつけたいこと

・あくまで、きょうだいペアは「監督」ではなく「観客」の目線で話します。「この言葉はこっちに変えた方がいいよ」など場合によっては窮屈に感じるコンビ／トリオも出てくるかもしれませんので、「よかったところ」も伝えるように促してあげるとよいです。

子どものやり取りの具体例

ペア1：どうも、ありがとうございました〜。

　　　　どうだった？

ペア2のA：三段落ちをうまく伝えていて面白かった。入場の仕方も元気があって、

　　　　よかったです。ただ、最後のオチのところは、もう少しゆっくり話して

　　　　もいいかも。

ペア2のB：最近理科で習った話が入っていて、「ああ、あれね！」ってなった。僕

　　　　もAさんと同じで、もう少し最後はゆっくり話してもらった方がよかっ

　　　　たと思う。最初のあいさつの後にもすぐにネタに入ったので、もう少し

　　　　待ってもよいと思った。

ペア1：ありがとう。じゃあ、もう少しゆっくり話してみる。ネタの中身はよかった？

ペア2のA：中身は最高だった。ただ、全体的に話の速さだけじゃなくて、掛け合い

　　　　のタイミングももう少しゆっくりやった方がいいかも。

ペア1：どうも〜〜。○○です。ところでさ、好きなやさいって何？

ペア1：う〜ん。（間）トマトかな。甘いから。

　　　　…くらいかな？

ペア2のB：うん！今のだったら、まず、トマトがきた。次はなんだろ、って気持ち

　　　　になる！

深い学び／楽しみの実現に向けて

　きょうだいペアで見合うことは、お互いの意見を忌憚なく言い合える土壌を作ることが目的の一つでもあります。自分たちの発表の反響をリアルに感じ、改善のための助言をもらうことは大事なのですが、学校ではあまりこの機会を作ってあげられません。また、この形式だと、大勢を相手にするわけではないので、ほどよい緊張感で進められるのもポイントです。きょうだいペアで見合う段階に入る前に大切なのは、「もっと観客を笑わせるようにするにはどうすればいいか」という向上心をクラス全体で共有しておくことです。友達が傷つかないように思ったことを伝えるために言葉を選ぶということ自体が、よりよい人間関係を構築していくための土台になることでしょう。

芸人と共につくり上げる 笑いの世界

特徴

・プロの芸人から、教育漫才のコツを習うことも、子どもたちのモチベーションを刺激します。

育まれる子どもの力

・本物の迫力
・プロのコミュニケーション能力から学ぶ力
・モチベーション向上

💬 使うタイミング・こだわること

・子どもたちには、可能な限り、その道のプロと出会わせたいと考えています。教育漫才でも、チャンスがあれば、芸人を講師としてお招きしたいものです。テレビで見るばかりで、劇場に出かけないとなかなか会えない遠い存在のような気がしますが、芸能事務所に問い合わせると協力してくれることもあります。以下のように力をお借りする方法があります。

① 導入段階：学年学級で取り組むなら、芸人と先生でT・Tを組んで子どもたちに、モデル漫才の披露やネタ作りへのアドバイスをもらう。

② 途中段階：教育漫才大会をやってみて、実際に取り組んで見えてきた課題についての質問や、作ったネタや子どもたちの教育漫才を観てもらい、助言してもらったり、プロの漫才を披露してもらったりするとさらに刺激を受け、表現活動へのモチベーションが高まる。

③ 校内研修：学校校全体で取り組むなら、教育漫才演習の講師としてお招きすることも可能です。90分間程で教育漫才の基本を学ぶことができ、担任が自信をもって子どもたちに指導できます。

具体例

　本校での実際の取組を紹介します。

　9月下旬から、6年生が、初めての教育漫才に取り組みました。担任が中心に指導に当たりました。第一回の教育漫才大会は、朝活動の時間の20分を使って、4グループごとに分かれて5年生に披露しました。

　この取組を踏まえて、「どうすればもっと笑いをとることができるか」ということで、第二回目をスタートさせました。今度の披露対象は、12月4日の授業参観での保護者（中間報告）、12月16日に4年生、5年生（最終報告）です。

　中間報告後の12月10日、芸人の「じなんぼ～いず」ツッコミ役のシギハラヨシアキさんをお迎えしました。子どもたちは、実際に教育漫才をやってみて抱いた質問を尋ねました。「ネタを作るときの工夫は何ですか」「落ちが上手く決まらず、どんな工夫が必要ですか」。シギハラヨシアキさんは「ツッコミはボケの世界観を観客とつなげて広げてあげるナビゲーターだから、観客の気持ちを代弁することを考える」などネタづくりの裏側を教えていただきました。その後、コンビ4チームがクラスみんなとシギハラヨシアキさんの前で披露して、直接アドバイスをもらいました。その際のアドバイスなどは、次の頁でシギハラヨシアキさんにご寄稿いただいたコラムをご参照ください。

　5、6時間目を使って、コンビで、ネタの修正に入るグループと、シギハラヨシアキさんにネタを披露しアドバイスを受けるグループがありました。12月24日には、教育漫才朝会を開催しました。事前にミニ大会を経て、4つのコンビが、全校児童の前で披露しました。

深い学び／楽しみの実現に向けて

　今回、子どもたちは、4年生、5年生に披露するという必然性もあり、シギハラヨシアキさん登場と同時に、質問攻めに始まり、終始熱がこもっていました。まさに主体的な学びの姿がそこにはありました。

　教育漫才を体験する過程で、「なぜ、上手くいかないのか」「なぜ、落ちで笑いが取れないのか」など差し迫った課題を一気に吐き出していました。取組の途中の段階でのプロの登場は、教育効果の高いものだと感じました。授業の「ねらい」をもってこうしたシーンを作ることで子どもたちの意欲は喚起され、今までにない姿を見せることでしょう。

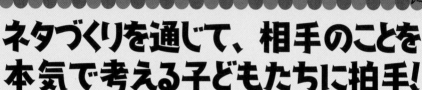

ネタづくりを通じて、相手のことを本気で考える子どもたちに拍手！

じなんぼ〜いず　シギハラヨシアキ (写真左)

○子どもたちが教育漫才に取り組む事で得られる力や体験の意味

　将来の夢をプロの芸人と定めたり、大人になり余興でも任せられたりしない限り、漫才の台本は一生作ることがないでしょう。一見、その困難と思われる作業も、雛形さえ与えれば子どもたちはとても楽しそうに取り組む姿をこの目で何度も見てきました。ネタ制作の際にはボケを考える発想力や展開を考える想像力、コンビないしトリオで制作する場合では好きなもの共有し、興味のあるものを相手に提示しながらのお題決めなど、コミュニケーション能力も培われると思います。

　また、ネタ披露となると発声や姿勢、表現力、緊張感に対しての自分の精神的なコントロールの術も重要になってきます。挙げればきりがないのですが、子どもたちが成長する中で豊かな人格形成に影響を及ぼす要素が沢山あると思います。これは、現

場でも実感しましたし、多くの専門家の方や教育関係の方々も仰っています。

　では、自分の少しの経験の中で「漫才」や「笑い」のカテゴリーで特に得られるものを考えてみました。

　人間は誰しも楽しい空間にいたいとは思いますが、自分がその空間を作り出すというのは少しハードルが高く、元々楽しい場所に身を投じる方が遥かに楽なはずです。すでに「笑い」がある空間はシンプルに楽しい。そんな中で、そんなに簡単ではない「笑い」のある場所を自ら作り出そうとする精神は、それだけで素敵です。

　そこには自分自身の喜び、楽しみの前にまず相手を喜ばせたい、この場を盛り上げたいという「サービス精神」みたいなものがあるのではないでしょうか。

　他人の喜びの基準はそれぞれ違っています。でも「相手が笑う」というこれほど明確に「共通している喜び」基準はほかにないのではないでしょうか。

　そして、相手の喜び＝自分の喜びになる。単純なことのようですが、大人になって自分の利益や喜びを優先する人間は沢山います。ですから、子供の頃にこのような純粋な感情をより豊かに育てることはとても重要だと思います。

　他人が笑うこと、他人の喜びを心から思うことは、大前提で相手の気持ちを考えることでもあり、奉仕精神、エンターテインメントの要素、少し大げさに言えば無償の愛の様なものかもしれません。

　もう一点、過去に日頃全然発言をしない子どもが、漫才の授業中に人が変わった様に発言をしてくれてとても嬉しかったと涙ながらに伝えてくれた先生がいらっしゃいました。

　笑いの感情は喜怒哀楽の中で特に心が躍動しやすいのかもしれません。感動する話、為になる話、人生を変えてしまう様な出会いももちろん重要ですが、どこか背筋が伸びたり、気が引き締まったりと少し緊張感が伴います。笑いというのはとてもリラックスした状態、またはそうさせる効果があるのでその中での人との交流は、相手の気持ちが素直に入ってくる、そして、自分の思いも相手に素直に伝えたくなる、そんな人間らしさがより出てくるのではないでしょうか。

　また、田畑先生は著書の中でプロの芸人がやるものを「大人漫才」、子どもたちがやるものを「教育漫才」と明確に分けてらっしゃいますが、これもとても重要なことだと思いました。

通常のプロがやる漫才は当たり前の事ですが、不特定多数に対して少しでも笑いの多い漫才がよい漫才とされます。しかし、それは笑いを重視するあまり自分の意に反してやりたくない様なことや、少し攻撃的な要素、世間の流行などを取り入れなければならないかもしれません。

それに比べて「教育漫才」は、漫才の中身を教育的な内容にすることはもちろん、決して笑いが大きければよいという基準ではありません。

クラスのみんなを楽しませたい訳ですから、みんなが何に面白いと思うか本気で考える、みんなは自分のどこが面白いと思ってくれているのかを本気で考える、それは相手の気持ちを本気で考えることに繋がるしクラスに連帯感も生まれると思います。

漫才の目的が違うので、発想がとても自由であることも良いと思います。

それでも授業が楽しくて、芸人を目指すと言ってくれる生徒が過去に何人もいましたが。(笑)

もちろん笑ってくれたという成功体験も代えがたい喜びです。「人が笑ってくれたら嬉しい」そんな単純な感情は「人が好き」になっていくのではないでしょうか。

○人を笑わせることの「客観性」

田畑先生に呼んで頂いた授業中に、印象的な出来事がありました。子どもたちはもう漫才発表を経験された後だけあって、とても具体的で真面目な漫才についての質問を僕に投げかけてくれていました。その流れの中で、T君が、いきなり「好きな食べ物は何ですか?」と聞いてきました。

自分はすかさず、「急に今そんなこと気になる?」と言ったら、クラス全体が盛り上がりました。たぶん普段からT君はみんなを喜ばす為におどけたりしているひょうきん者なのでしょう。それは普段のキャラクターを皆が認識している証拠です。これが、もし全く知らない他人の中で急にその質問をしたら、もしかしてあの人空気読めないのかも?と思われてしまう可能性があります。周りとの信頼関係があって、これはボケなんだ、笑って良いんだと思うことで笑いは成立していることを実感しました。関係性がある中での笑いとこれは誰が言っても面白い笑い、その違いを理解する事が重要な客観性だと思います。

○何校かで子どもたちと関わった経験から、教育漫才を行う上でのワンポイントアドバイス

「教育漫才」ではたくさんの表現上気を付けたいことがありますが、特に重要なの

は、「声の大きさ」だと思います。

　繰り返しますが、子どもたちの発想はとても独創的で自由で面白いものばかりです。しかし、やはり声が小さくて聞こえないことが多いです。小声で喋る事も個性として面白く感じることもありますが、まずは前を向いて、マイクがある場合はマイクに向かってしっかりと聞こえるようにアドバイスするとよいと思います。

　ネタ制作、アドバイスに関しては、先程の事にも共通しますが笑いを増やす事と本人の意志を尊重することのバランスが重要かと思います。笑いがあった方が成功体験に繋がりますが、まずは本人のやりたい事を尊重することも重要だと思います。

　見る側の姿勢も大切です。友達のネタ披露の際は、しっかり拍手で迎える、私語は控え、面白い所ではおもいっきり笑うことを心がけて欲しいです。

じなんぼ～いず　シギハラヨシアキ

広告の専門学校卒業後、広告代理店営業職に９年間勤務。30歳を機に会社の後輩だった相方に誘われ芸人の世界へ。松竹芸能などを経て現在フリー。笑育講師、テレビ朝日「学生HEROS！」、「お願いランキング」、MXテレビ「東京オーディション（仮）、J:COM「すぎなみスタイル」等に出演。

当日の会場の作り方
（クラス内で行う）

特徴

・クラス内で行う際の基本的な順序や用意するものを紹介します。

育まれる子どもの力

・空間作りの力
・発想力

使うタイミング・こだわること

○用意するもの
・発表の順番を示した板書やプリント　・順番
・マイク（電源はオフでよい）　・感想用紙
・（外部の方を呼ぶ場合は）受付　・観客席のレイアウト
○あると楽しいもの
・めくり　・記録用カメラ　・飾り付け　・出囃子
○当日の流れ　①あいさつ・発表順の紹介、②それぞれの発表、③感想を発表／書く

気をつけたいこと

・発表が終わった子がダラけてしまうこともあります。途中で休憩を取ったり、投票でナンバーワンを決めるときに、「素敵な感想ナンバーワン」を設けることを伝えておくなど、子どもたちの集中を切らさないように配慮してあげるとよいでしょう。

子どもとのやり取りの具体例

発表順

T：待ちに待った『○年○組教育漫才大会』の日が訪れました。みなさん、楽しんで
　ください。では、司会の子たちにバトンタッチします。

（司会編については、テクニック25を参照下さい）

T：今日はたくさん笑わせていただきました。こんな一面あったんだ、というのはと
　ても新鮮で、先生も驚きがありました。今回、実は新たな友達だけでなく、自分
　の新たな一面や可能性に気付いた子も多いと思います。ぜひ、その学んだことを
　書いて共有していただけるとうれしいです。感想を書いて終わりにしましょう。

深い学び／楽しみの実現に向けて

　　会場作りは、子どもたちの気分を刺激する役割があります。教室内をデコレー
ションするのが難しければ、多目的室などに場所を移すだけでも効果があるでし
ょう。加えて、会場作りも子どもたちに任せてみるとよいでしょう。私の過去の
例では、出囃子やめくり、外部の方を呼ぶ場合は受付など、子どもたちの意見を
どんどん引き出してあげると、自分たちだけの「教育漫才大会」を作り上げるこ
とができるでしょう。

教育漫才大会当日の司会者のサポート

特徴

・先生が進行してもよいですが、子どもたちに任せたいところ。ただし、自分のネタがあるので、サポートは必要です。

育まれる子どもの力

・場を運営する力　・即興で対応する力
・司会者を支える姿勢

使うタイミング・こだわること

・司会は、場の流れを作る役割です。発表の順番と、コンビ名を話すだけでもいいです。レベルアップとしては、発表後にテレビの漫才番組のように「一言添えたり、解説をしたりする」ことや「感想を聞いたり、観客に感想を求めたり」することが考えられるでしょう。

・淡々と進めていくのも緊張感が出てよいですが、くだけた雰囲気で、いろんな発言が許される場であることにもメリットもあります。学級の実態に合わせて、司会の子にどういう流れにしたらいいか助言してあげましょう。

・基本的には台本を用意してから臨む方がよいです。

・司会のほかに決めておくとよい役割
　○タイムキーパー　○（外部の方を呼ぶ場合）受付係
　○（動画を撮影する場合）カメラマン　○（出囃子などがあれば）音響係

気をつけたいこと

> ・あくまで、自分もネタがあるので、そちらに緊張している場合もあります。途中で交代にしたり、1組目までは先生が司会をして、以降は1組目のペアに司会を任せる流れもよいでしょう。

子どものやり取りの具体例

T：それでは、ここからは司会の○○さんにバトンタッチします。

C：こんにちは。司会の○○です。みなさま緊張していますか？私はかなり緊張して
います。
でも、多くのお客さんに集まっていただきましたので、今日のために頑張ってき
たことを存分に発揮して、笑ってもらえるように楽しんで行いましょう！
では、トップバッターは「○○○○○○○○」！

（ネタ終了後）

C：ありがとうございましたー。まさか、さっきの授業で習ったことが出てくるとは、
とんでもないアドリブの能力ですね！Aさんはいかがでしたか？

A：勢いがあってよかった。

C：元気いっぱいで、いつもは落ち着いている印象の2人なので、その分とても面白
く感じましたね。それでは、次のコンビは「●●●●●」です！

深い学び／楽しみの実現に向けて

　子どもたちの自己肯定感は、先生なしでもある程度授業や行事の準備を進めら
れることを実感することでも高まっていきます。強いリーダーシップでクラスを
統率する先生もいるかもしれませんが、子どもたちがのびのびと自分の長所や好
奇心を発揮できる雰囲気づくりこそが、学級経営の核であると考えます。また、
行事等の役割のほとんどを任せてしまう方が、たくさん頭を使っていろいろな案
を考えることができる子どもたちになっていくでしょう。繰り返しになりますが、
大事なことは、失敗を認めてあげることです。そして、全てを放任せず、困って
いたらフォローしてあげましょう。

司会者も子どもたちで！

　司会者の役割の中で、観客へのルールと注意事項の周知があります。司会者の余裕にも関わりますが、ここで遊び心を発揮して、ネタ風にすると温かく盛り上がります。観客の心を捉え、笑いの世界に導くことができます。一例としてネタを紹介します。

　今回は協力者を募り、カルテットとし、チーム名は「注意」です。

全員：はい、どうも、わたしたち4人で「注意」です。

Ａ：今日は、皆さんが教育漫才のリアクションをどうしていいか分からないということで、特別に教えちゃいたいと思います。（観客役ボケＣ・Ｄに向かって）ちょっと手伝って。

Ｃ・Ｄ：は〜い。（体育座りをして、漫才師役に体を向ける）

Ｂ：一組目は『注意』です。どうぞ。（Ａと一緒に入場する振り）

Ａ・Ｂ：はいどうも〜『注意』です。ありがとうございます。

Ｃ・Ｄ：（拍手なし）

Ａ：やっぱり、拍手がないのは最高ですね。

Ｂ：なんでやねん！拍手がないと盛り上がらないですからね〜もう一回。

Ａ・Ｂ：はいどうも〜『注意』です。お願いします。ありがとうございます。

Ｃ・Ｄ：（いつまでも拍手している）

Ａ：やっぱり、拍手が長いといいですよね。

Ｂ：なんでやねん！拍手が長いとネタに集中できませんし、他の人も集中できないよ。もう一回。

Ａ・Ｂ：はい、どうも、『注意』です。お願いします。ありがとうございます。

Ｃ・Ｄ：（しゃべり続ける）

Ａ：今日もにぎやかですばらしいですね〜！

Ｂ：いや、うるさいよ！　ネタが聞こえないし、他の人にも迷惑だよね。もう一回。

Ａ・Ｂ：はい、どうも、『注意』です。お願いします。ありがとうございます。

Ｃ・Ｄ：（静かに集中して聞く）

Ａ：やはり、この静かな雰囲気いいですね。

Ｂ：（観客に向かって）ネタ中はこんな感じでお願いします。

Ａ：じゃ、終わりの場面をやってみましょう。

Ａ・Ｂ：もうええわ、どうもありがとうございました。

Ｃ・Ｄ：（拍手なく、黙って観ている）

Ａ：やはり、拍手がないのはいいよね。

Ｂ：なんでやねん！！拍手あったら、やりきった感があるからいいね。よろしくお願
　　いしますね。

Ａ・Ｂ：もうええわ、どうもありがとうございました。

Ｃ・Ｄ：（笑顔で拍手している）

Ａ：ありがとうございます。やはり、いいですね。

Ｂ：みなさま、教育漫才大会を観ていただくときのお願いです。

　　　一つ目は、始めと終わりの拍手。

　　　二つ目は、拍手の長さ。

　　　三つ目は、友達としゃべらない。

　　　この三つに気を付けて、今日は大いに笑ってください。

　　　僕たち『注意』からの「注意事項」でした。

全員：ありがとうございます。

　　　（越谷市立新方小学校　クリスマス漫才朝会！2020 in新方小より）

全校で開催する場合

特徴

・異学年交流の場になります。ただし、全員が発表することはできないので、各クラス代表などを事前に選んでおく必要があります。

育まれる子どもの力

・異学年交流の力／意欲　・学校の一体感
・素敵なものに賛辞を贈る姿勢

使うタイミング・こだわること

・教育漫才は全校で開くこともできます。事前に各クラス等で予選会を行い、クラス代表／学年代表を決めておく流れが基本です。全校での取組ではありますが、代表の子をサポートする時間を取るなど、クラス全員が関われる環境を継続することがよいでしょう。

・当日は、素敵な教育漫才をたくさん見られます。クラスに戻ってから、発表した子をねぎらうことと、教育漫才大会を振り返って得られたことなどの感想を書くことや共有する時間を設けるとよいでしょう。

・優勝などを投票や拍手の大きさなどで形式上決めてもよいでしょう。

気をつけたいこと

・選ばれなかった子が拗ねてしまうこともあります。そうした子には、改めてネタのよかった点を取り上げて、選ばれた子との違いを分析するよう促すなどフォローしてあげたいです。

・地域の方を招待することも可能ですが、防犯等の理由で気を付けることが発生します。右のページで詳述します。

子どもとのやり取りの具体例

T：では、『○○小学校教育漫才大会』を開始します。それぞれのクラスで予選を勝ち上がったコンビ／トリオに発表してもらいます。たくさん笑って、面白かったネタにはしっかり拍手や声援を送りましょう。惜しくも選ばれなかった子もたくさんいたと思います。その子の思いも背負って、でもリラックスして力を発揮してください。ではトップバッターは○年○組の〜〜

〈防犯の考え方〉

・防犯上気を付けることは、門の時点で来た人の名前を把握することです。基本的には、顔見知りの人が増えるほど、不審な人物は紛れ込みにくくなります。周知する際に、入場券なども一緒に配布するとよいでしょう。

・また私が以前校長として開催した際は、「いじめ・不登校をなくす取組」として取材を希望したマスコミの人にも入っていただきました。カメラが回っていると、不審なことはできませんので、取組の広報だけでなく防犯のメリットもあります。「最近の学校における課題を改善する取組である」ことなどが伝われば、マスコミの方も取り上げてくれる可能性は高まります。

・地域の方にも有名になってかなりの数の観客が予想されたときには、近くの交番の警察官の方に見回りを頼みました。

深い学び／楽しみの実現に向けて

　面白いコンビ／トリオの決め台詞などが、次の日にあちこちで唱えられる姿が見られます。予選を突破して全校児童の前で発表するということは、代えがたい体験となります。選ばれなかった子どもたちも、休み時間に教育漫才のアドバイスなどしていれば、クラスを上げて応援しているなど、一体となって参加している姿が見られるでしょう。もちろん、悔しい思いをしている子もいると思いますので、振り返りの際にはフォローしてあげましょう。

　大事なのは誰が一番面白かったか、ではなく、「他の学年にはこんな子がいるんだ」「あのクラスはこんな雰囲気なんだ」など、学校全体で子どもたちの互いの理解が深まる経験になることです。そして何と言っても、学校全体に温かい空気が流れ、一体感が生まれます。

　P14「教育漫才指導計画案」をご参考ください。

地域の人に披露しよう

特徴

・地域の人々を呼ぶことで緊張感が高まり、より真剣な発表の場を作ることにつながります。

育まれる子どもの力

・大舞台でも変わらずに力を発揮する精神力
・地域とのつながり

♥ 使うタイミング・こだわること

・呼ぶ方の属性は、保護者、校外学習などで交流のあるお店の関係者、近隣の学校の先生、近くの幼稚園児などです。保護者のみであれば、学級参観の形でも対応できます。完全にオープンにして、誰でも呼ぶ形にしてもよいです。防犯上の懸念がありますので、受付で名前を書いてもらうなどの必要は発生します。
・校長、教頭、事務主事、養護教諭など、普段教室に来ない人を招待するだけでも、子どもたちに特別な空間であることを意識してもらうことができます。
・規模を大きくするほど、開催する側も人手を割かないといけません。学年主任や学校長と相談しましょう。

⚠ 気をつけたいこと

・大勢の人に見られると、こわばってしまう子もいます。そうした子は順番を後ろにしたり、台本をもってよい、ということにしたり、先生が横についてあげるなど、サポートしてあげるとよいでしょう。来てもらった方に自己紹介してもらうことでハードルが下がることもあります。

子どもとのやり取りの具体例

T：本日は、○○商店のＡ店長に来ていただきました。この前、校外学習でお邪魔しましたね。今日はお礼の意味もこめて、楽しんでもらいましょう。

Ａ：Ａです。この前は体験学習に来てくれてありがとう。今日は私がお客さんですね。たまにテレビでお笑いを見ますが、漫才師自身が楽しそうにやっている漫才がとても好きなので、よかったら、緊張せず、いつも通りやってもらえるといいかな、と思います。よろしくお願いいたします。

T：ありがとうございます。では、こちらに座っていただきます。

（終了後）

T：本日は、○○商店のＡ店長に来てもらいました。みなさん、緊張しましたか？Ａさん、感想をいただけますでしょうか。

Ａ：みなさん、本日はとても楽しい教育漫才大会にお招きいただきありがとうございました。言葉についてしっかり考えてネタを作っていたり、軽快なリズムでネタを披露してくれたり、とても面白かったです。これからも街で見かけたら、声を掛けてくださいね。また教育漫才を披露してください。楽しみにしています。

T：ありがとうございます。みんなで御礼を言いましょう。

深い学び／楽しみの実現に向けて

　地域の人々を呼ぶ場合、防犯等の理由で否定的な意見も出てくる学校もあると思います。ただ、地域の人がいることによって、逆に防犯の意識が強まるとも考えられます。学校は、地域コミュニティーの中心の一つです。こうした機会に顔を合わせたり、子どもたちの名前を覚えたりして、登下校時や災害発生時の見守りの目が一つずつ増えていくことは、将来的に学校だけではなく、強い絆をもった街作りへとつながっていくこととなるでしょう。

　例えば、チケットを子どもたちで手作りして、家族や、校外学習で行ったお店の人などに御礼として渡せば、安全面で十分に配慮できると思います。

感想を共有しよう

特徴

・やって終わり、という発表は、教育漫才に限らず勿体ないです。発表側、発表された側が意見を交流することで、コミュニケーションが完結します。

育まれる子どもの力

・感じたことを言葉にする力
・批判を受け止め、改善を志す力／意欲
・批判的思考力

♥ 使うタイミング・こだわること

・発表とは自分の作り上げたものを人に見てもらうという繊細な行いです。自分の成果物の反響を肌身に感じることは、今後多くの人たちと支え合う社会に出ていく中でとても大切な経験になります。ただ、場合によっては傷ついてしまうシーンにもなってしまいます。感想を聞く際に、「悪かったところは？」などネガティブな聞き方をするのではなく、「よかったところ」と、「もっとよくなるところ」、また「もっと良くするためにどうすればいいか」という聞き方をするとよいでしょう。

・「面白くなかった」などで終わらず、「どうして面白くないと思って」「どうしたら面白くなるか」を考えることは、鑑賞と批判の力を高めます。お互いが納得して意見を言い合えたとき、自己肯定感は連鎖して高まっています。

⚡ 気をつけたいこと

・とはいえ、無理に感想を聞く必要はありません。「よかったこと」だけでもよいですし、感想を紙に書いて、あとで集約する形でも大丈夫です。

子どもとのやり取りの具体例

（教育漫才の発表後）

T：（拍手）〇〇さんと〇〇さんらしい、明るくて昆虫が好きな思いのこもった教育
　　漫才でしたね。何か感想がある人はいますか。

C：はい。登場から面白い動きでコンビ名を発表して惹きこまれました。

C：途中まで、虫のクモの話をしていると思っていましたが、最後に空のクモの話に
　　なっていて、言葉の使い方がうまいな、と思いました。

T：そうだね。動きとか言葉をしっかり考えてつくっていましたね。逆に、ここをこ
　　うしたらもっとよくなるぞ、という意見はありますか。

C：僕も、クモとクモの持って行き方がとても面白くて笑いました。最後の方で少し
　　早口だったので、丁寧に話せるともっとよくなると思います。

深い学び／楽しみの実現に向けて

　あくまで、学級の実態と、確保できる授業時数に合わせて、可能な範囲で行う
とよいでしょう。どれだけ面白かったか、というのは数値化できるものではあり
ません。みんなで納得して授業を終わるためにも、「どこが」「どうして」面白か
ったのか感想を聞くことが大切です。紙で感想を集める場合は、発表者にフィー
ドバックしてあげると、今後の様々な発表に向かっていく創作意欲につながって
いきます。

　意見を受け止められる心を育むことができれば、特別活動の話合い活動や、特
別の教科　道徳での対話や議論などでも生きる力になります。

全教科につながる
学びの振り返り

特徴・育まれる子どもの力

・ここまでの教育漫才の活動で身に付けた能力を言語化して学びを定着させます。振り返り力や自己肯定感の醸成を図ります。

使うタイミング・こだわること

・教育漫才を扱うことは、1時間でも、複数時間でも、様々な力を使っています。身に付いたり、身に付けていたものを成長させたりしたことを、改めて振り返ることによって、その学びを普遍的なものにしたいところです。

ポイントとしては、

①相手を意識した発表の力　発声、話す速度、動作化、目線など

②内容を構成する力　きちんと意図したところで笑わせられたか

③他者の発表を理解する力　聞いて意味が分かったか、感じた面白さを説明できるか

④発表に臨む態度　緊張感や即興性を感じ、種々の発表場面に生かすことができるか

⑤自分自身の変化　発表以前以後で自分の心境に変化があったか

が挙げられます。子どもたちには、体験したこと自体が成長につながっている場合もありますので、しっかりと言語化して今後の自信につなげてあげることがよいでしょう。

気をつけたいこと

・あまりウケなかった子が打ちひしがれている場合があります。その場合は発声など一部分でよいのでよかった点を上げてあげましょう。聴いている姿勢や、評価する言葉遣いなど、自分の発表時以外にも、素敵な面を見せているかもしれません。

具体例

T：自分がよかったな、面白かったな、と思う発表について思い出してください。どこがよかったか、説明できる人はいますか？

C：声がよく出ていたので、分かりやすかったです。

C：ちょうどいいボリュームでした。

T：ちょうどいい、ってどういうことか分かりますか？

C：場面に応じた、感じ？　　C：相手の頭にすっと入るような時間の使い方。

T：相手を意識して発表するということは大切ですね。これからにも生かしていきましょう。

　以下の板書は振り返りです。教育漫才の発表時の動画を見直し、よかった点を出し合いました。なぜ声の使い方を大事にするか、という視点から「相手意識」の大切さを抽出し、「相手に伝わる」ための表現の方法を整理しています。

(R2.11　越ヶ谷市立新方小学校6年1組)

深い学び／楽しみの実現に向けて

　発言の少なかった子どもが「これからもっと発表のときは分かりやすくできるように頑張る。即興の部分も作ったら、自分でもしたことのない話し方になって笑いが取れて、自分の魅力に気付いた」。あまりなじみのない異性と組んだ子が「話したことは少なかったけれど、真剣でうまくアドバイスしてくれてもっと仲良くなりたいと思った。自分でも思った以上に笑いにこだわり始めて、日常が楽しくなった」

　よい発表とはなにか、という学びだけでなく、交友の広がりやプレッシャーの弱さの克服、発表への前向きな態度などの変化を見取って、励ましてあげましょう。

みんなで一つのネタを見る
教育漫才アップデート会

特徴

・1つのネタをみんなで分析して、よりよいネタづくりや、パフォーマンスにつなげる。

育まれる子どもの力

・リフレクション・情報分析力・話合いの力

使うタイミング・こだわること

・教育漫才大会を一度経験し、なおも継続的に取り組む際には、ネタの批評が有効です。高学年になると、教育漫才を発表しているところをビデオ撮影し、参考になるコンビや自主的に分析を希望するコンビを適宜選び、「教育漫才アップデート会」を開催することも、次のよりよいネタ作りやパフォーマンスにつながっていきます。

①教育漫才大会をビデオ撮影。

②教育漫才アップデート会に分析して欲しいコンビを募集あるいは推薦。

③コンビのネタ発表の映像を観ながら、気づいたことをメモ。

④よかった点を発表。

⑤修正するとさらによくなる点を発表。

⑥今日の「教育漫才アップデート会」から学んだことを整理して発表。

気をつけたいこと

よかった点をたくさんあげさせます。そして、**修正する観点は、3点ほどに焦点化して次へのモチベーションを高めることが大切**です。どんなネタでも子どもたちが**創造した文化作品**です。**力を伸ばすことをねらいとし、アドバイスし合うことが大事**です。

90

具体例 ☁

6年1組教育漫才アップデート会

T：今日は、2コンビのアップデート会を開きます。ねらいは、よりよいネタづくりと教育漫才パフォーマンスを向上させることです。それでは、最初にコンビBからいきましょう。よかった点をたくさん見つけること。5分間時間を取りますのでまとめてください。

全員：（コンビBの教育漫才大会の映像をメモしながら観る）

T：それでは、よかった点を発表してください。

C①：三段落ちが上手に使えていたのがよかった。

C②：三段落ちの型が×3になっていて、プロの漫才ネタのようだった。

C③：三段落ちの構成が、分かり易くてよかった。

T：別の観点でありますか。

C④：「肩が張る」と「紙を貼る」と、同音で違う意味を言っていて工夫したダジャレが面白かった。

C⑤：同じ意見で、季節の「春」という言葉も使っていてよかった。

C⑥：付け足します。コンビBは、ネタづくりから「はる」について辞書で調べていてよかった。

T：同音異義語を活用した「ズレ」ですね。パフォーマンスでありますか。

C⑧：ボケもツッコミも、体が僕たち観客に向いていたのでよかったです。

C⑨：私もそう思います。前を向いているので、とても聞きやすかったです。

C⑩：堂々としていて、ほとんど隣を向かないでやっていてよかったです。

深い学び／楽しみの実現に向けて

　プロ芸人の「漫才映像」が準備できたら、自分たちの「教育漫才映像」と比較してみることも、共通点や相違点、そして、流石プロだと感じる場面があると思います。教育漫才を経験した子どもたちなら、いかにプロ芸人が観客を意識して、ネタを披露しているかが分かると思います。

　教育漫才アップデート会後のパフォーマンスを、もう一度ビデオ撮影して、比べてみると、どこが進化、発展しているかに気が付くと思います。

　この教育漫才映像を授業公開のときなどに保護者に公開するのも有意義です。保護者も、自分の子どもの意外な面を発見することでしょう。さまざまな教育活動を公開することが保護者との信頼関係につながっていきます。

35人でも短時間実践
「教育漫才リレー」

特徴

・10以上のコンビが、短時間で効率的にネタを披露することができます。

育まれる子どもの力

・協働性　・チームワーク力　・条件付き表現力

♥ 使うタイミング・こだわること

・授業時間数の確保からネタ披露を「朝の活動、帰りの会の15分間」で数コンビず
　つや、クラスで合意が取れれば、「長い休み時間や昼休み」等で実施するのも可能
　です。ただ、あくまで力を付けるために実施するならば、限られた時間数ですが、
　授業として行うのがよいでしょう。「教育漫才リレー」は1時間（約45分）でネタ
　を披露する方法です。

①コンビの持ち時間を1分に限定。

②ネタづくりの目標は「一ネタ一笑い」。

　「一笑いなら、頑張れるかも……」と意欲が湧くコンビも多いと思います。

③2チーム（8〜9コンビ×2チーム）か4チーム（4〜5コンビ×4チーム）など
　に分かれて発表。

　例えば、Aチームが漫才師をしているときは、Bチームが観客になります。

⚡ 気をつけたいこと

> ・1分間でたくさん笑いをとるコンビもいると思いますので、それは認めましょ
> 　う。1分間限定ですので、発表時間がオーバーした場合は、原則ストップ
> 　をかけ、限られた時間でプレゼンテーションすることの大切さを教えましょ
> 　う。「発表時間の平等性」を学ぶことができます。事前にネタが1分以内で披
> 　露できるかどうか時間を図りながら練習させることが大切です。

具体例

Ａチームの「イシマス」が、出囃子に乗って舞台上手から登場。

Ａ１Ｂ１：はい、僕がイシで、こちらがマスです。よろしくお願いします！

Ａ１：ところで、好きなスポーツってある？

Ｂ１：野球かな。

Ａ１：人気あるよね。他には？

Ｂ１：ゴルフかな。

Ａ１：確かに面白いよね。他には？

Ｂ１：バケツリレーかな。

Ａ１：人気スポーツの定番だよね、それは、スポーツじゃないでしょ！もういいよ
　　　（拍手）

　続いて、２番目の「アニオタ」が、出囃子に乗って上手から登場。

Ａ２Ｂ２：はい。お待たせしました。テレビ出演が伸びてしまったアニオタです。

Ａ２：将来の夢ってありますか？…

……１分間で呼び鈴を鳴らし、チームごとにネタを続けていく。

　この後も３コンビが、順にネタを披露していきます。終了したら、次のチームが登場します。５コンビが終了したら、次のチームと交替し、発表した子どもたちが観客になります。

深い学び／楽しみの実現に向けて

　面白かったコンビ／トリオを評価（投票・評価する理由）して、学級チャンピオンを決めることで子どもたちはワクワクします。その後代表として発表の場があるならば、さらにネタを膨らませて３分間程の教育漫才ネタに発展させることも可能です。また、チーム戦にしても盛り上がります。これにより協働性とチームワークが良好になると期待されます。

　担任としては、可能な限り多くの子どもたちに表現のチャンスを与えたいものです。その舞台に、「教育漫才リレー」（一ネタ一笑い）を活用すると、多くの子どもたちの自己表現の場が保証されます。自己肯定感を育てる方法の一つは、自己表現を積み重ねることです。

コンビ名 **イシマス**

石井桜志（いしい おうし） ☞ ツッコミ（A）
増田 歩（ますだ あゆむ） ☞ ボケ（B）

A・B：はい、どうもー、イシマスです。
　　A：僕の名前はイッシーです。　　B：僕の名前はマッスーです。
A・B：よろしくお願いしまーす。
　　A：いきなりなんだけどさー、好きなスポーツある？
　　B：うーん。野球かな。（バットを振る動作）
　　A：ほかには？
　　B：うーん。ゴルフかな。（スイングする動作）

🎤 テクニック**8**　三段落ち基本編

　　A：あー、確かに、面白いよね。後は？
　　B：バケツリレーかな。（バケツを渡す動作）
　　A：あー、確かに、定番だよね。って、それスポーツじゃないじゃん！
　　B：いや、リレーって書いてあるじゃん。
　　A：いや、そうだけどさ、リレーはリレーでもスポーツじゃないから。
　　　（BがAの頭にバケツを被せる動作）
　　A：いやバケツ被せないでよ！
　　A：じゃあ、将来の夢ってある？
　　B：俺さ、医者やりたいんだよね。ちょっとやろうよ。
　　A：じゃあ、俺助手やるからやってみようよ。

🎤 テクニック**12**　物語風ネタづくり

動作の繰り返し

　　B：メス。　　A：はい。
　　B：タオル。　　A：はい。
　　B：焼き肉のタレ。
　　A：はい。大切だもんね。って、え？
　　B：（食べる振りをした後）じゃあ、会計よろしくー。（手を上げて去ろうとする）
　　A：待って待って（引き留める）。ここ焼肉屋じゃないから。メスで焼肉切るなよ。
　　　ちゃんとやって。
　　B：OKOK。
　　B：メス。　　A：はい。
　　B：メス。　　A：はい。
　　B：オス。　　A：え？
　　B：オス、メス。オス、オス。メス……メス。

🎤 テクニック**9**　三段落ちの繰り返し

　　A：ってそれ、ヒヨコの鑑定士やないかーい！
　　　（BがAの頭にヒヨコを載せる動作）
　　A：いや、載せないで！　もういいよ！
A・B：ありがとうございました！

コンビ名 **海早**（かいそう）

生越海音（おごしかいと） ☞ ツッコミ（A）
早川桃奏（はやかわもか） ☞ ボケ（B）

A・B：はい、どうもー、海早です。
　　B：私の名前はわかめです。　　A：僕の名前はこんぶです。
　　B：突然だけどさ、漫才師になりたいんだよね。
　　A：あー、漫才師ね。

B：でもやり方が分からないんだよ。

A：じゃあ教えてあげるよ。まずは三段落ちだね。漫才師の第一歩。「普通のこと→普通のこと→変なこと」の順番で掛け合いをすることだよ。

B：へぇ、じゃあ、仕事はラーメン屋にしよっかな！

A：いやいや、今三段落ち教えたじゃん！（観客に向かって）あ、分かったぞ。これ、三段落ちにするんだね。

A：えーと、ほかに、何かやりたい仕事ある？

B：ファーストフードの店員とか。

A：ああ、いいよね。他は？

B：教師とか。

A：ああ、いいよね。でも君の今の力では担任の先生のようになるには、まだまだ遠い道のりだね。（観客に向かって）……何か、違和感。

A：ほ、ほかには？

B：人型ロボットー！ ━━━━━━━━━ 三段落ちの変形

A：分かった！君それ四段落ちだよ！ラーメン、ファーストフード、教師だから、四段目きちゃったよ！

B：えー、駄目？

A：駄目だよ。ボケるまで、大分待ったよ。三段目でボケてくださいね。

A：まぁ、いいや。じゃあさっき言った中で一番やりたいことは？

B：お化け屋敷の店員！

A：それさっき言ってなくね！　まぁ、いいよ。そんなにやりたかったんだ。

B：うん、じゃあ、客やるから、店員やって。 ◀━━━ 🎙️テクニック**12** 物語風ネタづくり

A：……逆だよ！店員やりなよ！

B：やりたくしちゃったかな、と思って。じゃあ、店員やらせていただくのでお客さんをやってください。

A：分かった。

B：いらっしゃいませー！新しくできたお化け屋敷でーす。これからルールを説明するよ。まず、入って、3歩くらい歩くと、おばけが出てくるよー。そして、前に50歩歩くと、落とし穴があるから、入ってねー！

A：わ……分かった。

B：じゃあ、スタート！

A：えーっと、まずは3歩、歩くと……1、2、3（後ろ向く）。 ◀━ 🎙️テクニック**11** 動きによる肉付け

B：うわーっ！（驚かす）

A：いや、怖くないよ！予告してたし。ってかあなたが驚かすのね。何の仮装もしてないし……

B：あ、そういうシステムなので。

A：じゃあ、次は50歩ね。1、2、3……47、48、49。（辺りを見回して）50（飛ぶ）。

B：いや、そこ飛ばないでよ！

A：いや、飛ぶよ！落とし穴落ちたくないでしょ！

B：いや、そこ出口だから。飛んだら一生出れないよ。

A：出口だったのかよ！きみ、全く向いてないよ。

B：そこまで言うんだったらやってみてよ。

A：仕方ないな。ここは、こわーい、お化け屋敷だよ。
　　（Bが3歩歩いて振り向く）

A：ウワーッ！

B：いや、同じやん、やってること！ ━━━━━ ボケの連続でオチへ

A：二人とも向いてないね。

A・B：どうも、ありがとうございました。

〈参考資料〉

教育漫才を取材して頂いた大学院生が卒業制作として作ったリーフレットです。

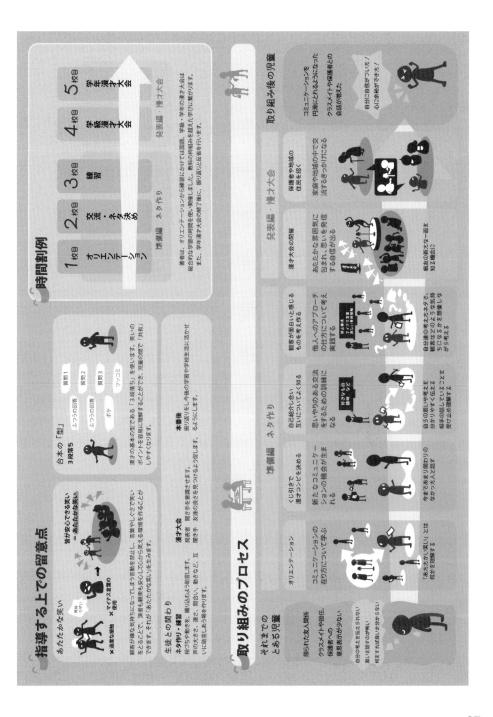

指導する上での留意点

あたたかな笑い

皆が安心できる笑い ＝あたたかな笑い

×過度な接触　×マイナス言葉の使用

相手が嫌な気持ちになってしまう言動を禁止し、言葉を楽しくすることをとおして、演者も観客も安心してから笑える環境を作ることができるので、あたたかな笑いが生まれます。

生徒との関わり

ネタ作り・練習

相手の動きを、嚙み込むように指示します。間の大きさ、速さ、間合い、動作など、互いに助言し合うようにします。

漫才大会

演者、間き手を称賛します。聞き手、友達の良さを見つけ合う心配をし、いい雰囲気を作ります。

台本の「型」

3段落ち

- 質問1 → ふつうの回答
- 質問2 → ふつうの回答
- 質問3 → ボケ → ツッコミ

漫才の基本の型である「3段落ち」を使います。笑いのポイントを容易に理解することができ、児童の間で「共有」しやすくなります。

本番後

振り返りをとおして学校生活に活かせるようにします。

時間割例

1校目	2校目	3校目	4校目	5校目
オリエンテーション	交流・ネタ決め	練習	学級漫才大会	学年漫才大会
準備編　ネタ作り			発表編・漫才大会	

著者は、オリエンテーションから練習にかける時間を長く確保しました。学級・学年の漫才大会は総合的な学習の時間にも取り入れ、教科の時間枠を超えた取り組みを行いました。また、学年漫才大会の後の練習にも、振り返りと反省を行います。

取り組みのプロセス

これまでの とある児童

- 限られた友人関係
- クラスメイトや担任、保護者への意思表示が少ない
- 自分の考えを伝えられない「自分の考えをのがわない　何をすれば良いか分からない」
- 「あたたかい笑い」とは何かを理解する

準備編　ネタ作り

- オリエンテーション
- コミュニケーションの在り方について学ぶ
- くじ引きで漫才コンビを決める
- 新たなコミュニケーションの機会が生まれる
- 自己紹介し合い互いについて知る
- 思いやりのある交流をするための訓練にもなる
- 今まで関わりの少なかった人と話す

- 観客が面白いと感じるものを考える
- 他人へのアプローチの仕方について考え実践する
- あたたかな雰囲気に包まれ、思いを発信する自信が出る
- 自分の思いや考えを分かりやすく伝える
- 自分の気持ちや考えがどのような気持ちや考えかを想像しながら考える
- 相手の話をしっかりと受け止め理解する

発表編・漫才大会

- 漫才大会の開催
- 家族や地域の住民を招く
- 保護者や地域の住民を招く
- 縁友の先大な一面を知る機会に

取り組み後の児童

- コミュニケーションを円滑にとれるようになったクラスメイトや保護者との会話が増えた
- 自分に自信がついて心に余裕が出てきた！

著 者
田畑栄一
埼玉県越谷市立新方小学校長

秋田県大館市出身。小中学校教諭、埼玉県の指導主事を経て、平成25年より同市立
東越谷小学校長、越ヶ谷小学校長を経て現職。

平成29年に第66回読売教育賞優秀賞。平成27年より、創造的な学力向上や、いじ
め・不登校問題の解決などに向けた取組として「教育漫才」の実践を始める。NHK
など多くのメディアに取り上げられている。

著書に『教育漫才で、子どもたちが変わる―笑う学校には福来る』(協同出版)。

協 力
新方小学校6年1組のみんな (担任:吉野学之紀)

じなんぼ〜いず　シギハラヨシアキさま

クラスが笑いに包まれる！　小学校教育漫才テクニック30

2021（令和3）年3月10日　初版第1刷発行

著　者　田畑栄一
発行者　錦織圭之介
発行所　株式会社東洋館出版社
　　　　〒113-0021　東京都文京区本駒込5丁目16番7号
　　　　営業部　電話03-3823-9206／FAX 03-3823-9208
　　　　編集部　電話03-3823-9207／FAX 03-3823-9209
　　　　振　替　00180-7-96823
　　　　ＵＲＬ　http://www.toyokan.co.jp
カバーデザイン　小山巧
　　　　　　　　株式会社　志岐デザイン事務所
装画　　　　カワチ・レン
イラスト　　いまいかよ
DTP　　　株式会社明昌堂
印刷・製本　藤原印刷株式会社

ISBN 978-4-491-04110-0
Printed in Japan

授業がうまい先生は、対応力、つまり、瞬間的に判断する力に優れている！
その力を育てる方法を、田中博史先生が自身の学級・授業づくりでの経験
をもとに解説。お笑い芸人さんと田中先生の対談も収録し、人を引き込む
トーク力について考える。

教師にも 瞬発力・対応力が必要です

田中博史　著

税込定価 1,540 円
四六判　164 頁
書籍詳細はこちら▼

東洋館出版社